人文素质系列教材

"经济人"与现代社会
经济学概说

胡宏斌　唐振宇　何继想　编著

云南大学出版社

图书在版编目（CIP）数据

"经济人"与现代社会：经济学概说/胡宏斌　唐振宇　何继想编著．
昆明：云南大学出版社，2004

ISBN 7-81068-825-1

Ⅰ．经… Ⅱ．胡… Ⅲ．经济学-研究　Ⅳ．F0

中国版本图书馆 CIP 数据核字（2004）第 067597 号

"经济人"与现代社会：经济学概说
胡宏斌　唐振宇　何继想　编著

责任编辑	徐　曼　郭玉萍
责任校对	胡　兵
封面设计	丁群亚

出版发行	云南大学出版社
印　装	云南福保东陆印刷股份有限公司
开　本	787×1092 毫米　1/16
印　张	11.25
字　数	188 千
版　次	2004 年 7 月第 1 版
印　次	2004 年 7 月第 1 次印刷
印　数	0001－3000
书　号	ISBN 7-81068-825-1/F·319
定　价	22.00 元

地　址	云南省昆明市翠湖北路 2 号云南大学英华园内
	（邮编：650091）
发行电话	发行部 0871-5033244
网　址	http://www.ynup.com　E-mail：market @ ynup.com

总　序

20世纪70年代末到现在的20多年是我国经济、文化、社会快速发展的时期,也是我国高等教育发展最快的时期。从恢复到发展,从发展到走向大众,高等教育作为一种社会需求,进入了大众阶层,成为一个公民进入社会的通行证,而不再是少数精英阶层的标志。这个跨越导致了我国高等教育一波未平一波又起的改革。从前苏联的教育模式到英美教育模式的跨越,从学年制到学分制的过渡,从专业的分合到学科的拓展,从单一的学科到综合学院的延伸,从课程的改革到素质的强调,从专才到通才的转向,令人目不暇接。然而,高等教育的各种改革仿佛都忽略了一个重要环节:20多年来,中国在从一个高度计划性的单一社会向多元化现代社会迈进的进程中,对即将走进社会的青年公民专业知识和综合素质的深切呼唤。

一个人从幼年到青年,从学校、家庭到走进社会,实际上经历了从个体的人、家庭的人到社会人的过程。我一直认为,作为一个社会人,需要一系列知识和素质,更需要爱心和责任。社会的人和个体的自然人相比,社会人不是为个体而活着,他需要为他人、为很多人活着,包括自己的亲人、朋友、同事、民族,甚至国家。因此,他比个体的自然人活得要累、活得要苦,但也注定要比个体的自然人活得更实在,活得更幸福。为了这种实在、幸福,社会人必须勇敢地面对人生、面对社会,了解人生、了解社会。

今天的社会是个多元的社会。我想当你作为一个社会人,在这个纷繁复杂的社会中生存时,至少你必须要认识到这么几个方面:第一,家庭是社会的最小细胞,你首先是家庭的人,必须要学会爱家,爱自己的父母、兄弟姐妹、妻子、丈夫,有了这种付出,你才能得到亲人的爱,才会有爱的归宿。第二,民族、国家是一种历史,更是一种深层意义上的归宿。只有树立民族自尊心,国家荣誉感,在这个冲撞交融的世界里,无论你走得多远,才会有自己的根。第三,宇宙、自然给予了我们赖以生存的天空、大地,行云流水、草木鲜花让你感受了世界的缤纷。热爱自然,就是热爱生命,这种意识会让你永远呼吸清新的空气,感受生命的可贵。第四,现代社会是高度发达的物质社会,现代人是经济人。现代社会深深烙在我们每个人身上的是经济的烙印。顺应时代,用经济的规律认识社会,认识你自己,生命才更有价值,生活才更加实在。第五,他人是你生存、发展的依托,社会是你发展的平台,当你学会和他人相处,用真情去对待他人,学会克制自己的欲望,用艺术、用美去消解泛滥的功利和贪欲,整个世界会为你敞开心扉,大地上会有你栖居的诗意的小屋。

　　基于这样的认识,当几位长期在第一线进行教学,深知大学生们希望获得怎样的知识和人文素质的老师们,提出为选修课编写《天人之际:中国哲学与中国文化》、《社会心理学:理论与实践》、《"经济人"与现代社会》、《公共关系管理》、《美学·审美·生活》和《插花艺术基础》6本教材的构想时,作为一个曾与他们并肩战斗多年的同事,我非常赞赏并为之激动!我尽我的一切力量给予协助,甚至深怕这套教材由于这样那样的因素而流产。当6位老师在繁重的工作之余,按期将这套素质教材交到出版社,并要我给这套素质教材写个总序时,我没有理由拒绝。

　　最后我想说的是,为责任而不是职称,为爱心而不是敷衍,为学生所需而不是上级所求而编写的这6本教材,在今天高校的素质教育改革中一定会起到积极的促进作用,学生们会通过阅读教材以及教师们的教学得到进入社会的知识和素养。

李　炎
2004年7月18日于云大英华园

前　言

本书是为经济学入门者编著的。是作者们3年来执教于云南大学成人教育学院和从事金融经济工作的一个学习总结。

近年来,我国经济理论界对西方经济学的"经济人"假设进行了引人注目的研究,这是一个可喜的现象。

其所以可喜,是因为一方面从20世纪50年代开始,在一个较长的历史时期,我国对西方经济学采取了一概否定的态度。当时的经济理论工作者既没有可能系统地去接触西方经济学及其发展状况,更没有机会对西方经济理论去进行客观的研究和讨论,即使在高等学校的经济院系开设的理论课程中,主要也只有马克思主义经济思想的一家之言。长期的闭关自守必然导致学科理论的贫乏、固步自封和思想僵化。现在,这一现象已经成为历史而不继续存在了。

另一方面,进入20世纪80年代之后,中国社会主义现代化事业在建设有中国特色的社会主义和构建市场经济体制的过程中,实行了全方位的改革和开放。所谓改革,纵观世界历史,无非是通过两种方式进行,一是通过法律或政府命令强制性地修改旧制度,实行制度创新;二是通过部分人自发地追求个人利益,导致旧的社会结构进行调整。我国这些年来的改革就是这两种方式的结合。所谓开放,是指一国政府实行一种对外积极开展国际交往和联系的政策。从经济的角度讲是指在经济生活中执行一种积极扩大与外部双向交往的制度,积极参加国际经济竞争和合作,走国际经济互补之路。主要包括以下几方面的内容:一是商品的进口和出口,二是服务的进口和出口,即无形商品贸易或劳务贸易,三是资本的输入和输出,四是其他的经济往来,指除了上述三个方面以外的学术、教育、文化等的相互交往和人口的国际迁移。学术教育的交往为研讨西方经济学说及理论打开了绿灯,为建设有中国特色的社会主义开扩了视野和思路。经过全国上下一致,戮力同心为之奋斗,中国社会主义现代化事业、经济的发展和成就取得了举世公认的成就。

但是,建设有中国特色的社会主义是一项没有先例和现成经验可供借鉴的巨大的系统工程,在建设前进的过程中,新情况、新问题不断涌现,其中经济体制改革、经济持续发展、建成和完善市场经济体制等的有关重大理论问题和实践问题,都亟需进一步认真学习、思考和探索。

西方经济学作为一个体系,不能成为我们国民经济发展的理论基础,这是毋庸置疑的。但是与此同时,我们又要认识到,结合当前经济体制改革的实际,对西方经济学"经济人"假设开展研讨是完全必要的。在若干具体的经济问题和方法上,在一定范围、一定条件和一定的历史阶段,它确有可供我们参考、借鉴之处。

因此,我们把在教学和工作实践中得到的灵感以及对中国经济学的真挚之爱,倾注于本书的编著。试图用"经济人"假设为主线,构架并阐述我们对经济学一个方面的理解。我们衷心希望对这本书的尝试是有益的。

当然书中不免存在着不足之处,还望各位师长、同仁以及读者给予指正。

编　者

2004 年 6 月 18 日凌晨于熙院

【目　录】

第一篇　经济学的研究基础——"经济人"假设 …………（1）
　一、"经济人"假设 …………………………………………（1）
　二、"经济人"主体的界定以及主体的现实经济活动 ……（2）
　　（一）家庭和厂商 …………………………………………（3）
　　（二）政府和外商 …………………………………………（4）
　三、"经济人"选择与资源配置 ……………………………（6）
　四、"经济人"的文化环境 …………………………………（11）
　五、道德作为一种无形契约对"经济人"具有普遍的约
　　　束力 ………………………………………………………（13）
　六、契约是约束"经济人"行为的一种有效方式 …………（15）
　七、法律是约束个体经济行为的一种强制手段 ……………（17）

第二篇　经济学的基本研究方法 ……………………………（19）
　一、实证分析和规范分析 ……………………………………（19）
　二、个量分析与总量分析 ……………………………………（20）
　三、均衡分析和边际分析 ……………………………………（22）
　四、静态分析和动态分析 ……………………………………（24）
　五、经济模型 …………………………………………………（24）

第三篇　"经济人"的行为空间——市场 …………………（26）
　一、市场通常是组织经济活动的一种好方法 ………………（26）
　　（一）物权的明晰 …………………………………………（28）
　　（二）价格在市场中的作用分析 …………………………（29）
　　（三）供给与需求 …………………………………………（30）
　　　1. 供给 ……………………………………………………（31）
　　　2. 供给和价格的关系 ……………………………………（32）
　　　3. 需求和价格的关系 ……………………………………（34）
　　（四）弹性 …………………………………………………（37）
　　　1. 需求的价格弹性 ………………………………………（37）
　　　2. 需求的收入弹性 ………………………………………（39）
　　　3. 供给的价格弹性 ………………………………………（40）
　　　4. 需求交叉价格弹性 ……………………………………（41）

1

（五）市场的均衡 …………………………………………（43）
二、"经济人"在市场中的选择行为 ……………………………（45）
　（一）完全竞争市场上"经济人"的选择行为 ………………（46）
　　1．商品市场上的"经济人"行为分析 …………………（47）
　　2．销售市场上消费者行为的分析 ………………………（54）
　　3．生产要素市场上"经济人"行为的分析 ……………（59）
　　4．劳动力市场的均衡 ……………………………………（62）
　　5．土地市场的均衡 ………………………………………（64）
　　6．金融市场上的"经济人"行为分析 …………………（66）
　（二）非完全竞争市场上"经济人"行为分析 ………………（72）
　　1．完全垄断市场上"经济人"行为的选择 ……………（73）
　　2．垄断竞争市场的"经济人"行为选择 ………………（79）
　　3．垄断市场条件下的厂商长期均衡 ……………………（82）
　　4．垄断市场的福利损失 …………………………………（83）
　　5．寡头垄断市场上"经济人"行为的选择 ……………（84）

第四篇　"经济人"行为的外部不经济与政府干预 ………………（91）
一、市场需求、供给和政府的价格控制 …………………………（93）
　（一）价格上限如何影响市场 …………………………………（93）
　（二）价格下限如何影响市场 …………………………………（95）
　（三）价格控制是一种好方法吗？ ……………………………（97）
二、税收——政府干预经济手段之一，也是政府养员的必
　　需收入 ………………………………………………………（98）
　（一）向消费者征税 ……………………………………………（99）
　（二）向厂商征税 ………………………………………………（100）
　（三）税负和弹性 ………………………………………………（100）
　（四）税收与福利 ………………………………………………（101）
三、收入再分配 ……………………………………………………（103）
四、搭便车——公共物品的分析 …………………………………（104）
五、国民经济运行的一些基本概念与基本理论 …………………（106）
　（一）基本概念 …………………………………………………（106）
　　1．国内生产总值与国民生产总值 ………………………（106）
　　2．国民生产总值的计算方法 ……………………………（107）
　（二）国民经济运行的基本介绍 ………………………………（109）
　（三）二部门国民经济的决定 …………………………………（111）
　（四）三部门及四部门国民收入的决定 ………………………（115）
　（五）国民收入决定的乘数原理 ………………………………（115）

（六）投资与利率的关系 …………………………………（116）
　　（七）一般国民收入决定的分析（*IS – LM* 曲线）………（118）
　　　　1. *IS* 曲线的推导 ………………………………………（118）
　　　　2. *LM* 曲线的推导 ………………………………………（121）
　　　　3. 产品市场与货币市场的同时均衡与 *IS – LM* 模型
　　　　　………………………………………………………（124）
　六、对于经济失衡问题的观点及处理方法 …………………（126）
　　（一）失业 …………………………………………………（127）
　　　　1. 失业及其分类 ………………………………………（127）
　　　　2. 充分就业和自然失业率 ……………………………（128）
　　　　3. 失业的代价 …………………………………………（129）
　　（二）通货膨胀的解释及其对策 …………………………（129）
　　　　1. 凯恩斯及其追随者们对于通货膨胀的解释及其解决
　　　　　措施 …………………………………………………（129）
　　　　2. 货币学派 ……………………………………………（136）
　　　　3. 理性预期学派的通货膨胀理论 ……………………（140）
　七、财政政策与货币政策 ……………………………………（141）
　　（一）财政政策 ……………………………………………（141）
　　（二）货币政策 ……………………………………………（143）
　　（三）宏观财政政策和货币政策的综合应用 ……………（145）
　　（四）财政政策与货币政策在实施中的局限 ……………（147）
　　（五）内在稳定器 …………………………………………（149）
　　　　1. 财政政策的内在稳定器 ……………………………（149）
　　　　2. 货币政策和收入分配中内在稳定器 ………………（150）
附录一　从"经济人"假设的产生及演变看经济学的发展 …（152）
附录二　一些必备的数学知识 ………………………………（165）
参考文献 ………………………………………………………（169）

第一篇

经济学的研究基础
——"经济人"假设

一、"经济人"假设

假设可以使解释这个世界更为容易。

——曼昆（N.Gregory Mankiw，《经济学原理》）

经济学研究常常要设立很多的假定。一位经济学家讲了一个故事：一个物理学家、一个化学家和一个经济学家漂流到孤岛上，十分饥饿。这时候海面上漂来一个罐头。物理学家说："我们可以用岩石砸开罐头。"化学家说："我们可以生火，然后将罐头加热。"经济学家说："假设我们有一个开启罐头的起子。"可能大家会取笑经济学家的迂腐，但是经济学正如物理学中真空假设那样，研究经济世界的运动规律，然后，逐一放开严格的假设，最终贴近现实。

经济学的出发点是人，对人性的理解是学习经济学的关键所在。对人性的假设贯穿了整个经济学的发展过程，也直接影响了经济学的发展方向。

"经济人"（*Home Oeconomicus*，或 *Economic Man*）一词，是19世纪中叶以后西方经济学中出现的一个经济学概念。当时的经济学家们研究经济社会，确定以"人"的经济行为作为研究对象，他们普遍认为经济活动中的个人经济行为是自利（self-interest）的①，即行为表现出生物界"趋利避害"的共性；对于经济物品来说，人们总是觉得多比少好，有比无强，而且，人们还喜欢多样化——不但喜欢事业，还喜欢爱情；不但喜欢吃好的，还喜欢穿好的。这是由人们的偏好（Preference）决定，并且偏好一旦形成，在一定时间内是很稳定的；他们还认为人们都会合理地利用自己收集到的信息，进行计算和判断其不同经济结果的各种可能性，从而得到追求的利益最大化，人们的行为是理性的。"经济人"假设成了西方一切经济学命题或解释的前提，成为西方经济学理论大厦赖以建立的基础。

这一假设在它出现之际，就受到来自社会各方面的批评和非难，它的拥护者在不断的论战中发展和完善了"经济人"假设的内容。目前比较全面的描述是：

1. 假设人的行为都有"自利"动机，亦即追求自身利益是驱策人的经济行为的根本动机，这种动机和由此而产生的行为有其内在于人本身的生物学和心理学的根据。

2. 假设人都能够通过计算判断自己是否能够获利，即"理性行为"（Rational Behavior）。也就是经济人是理性的，他能根据市场情况、自身处境和自身利益之所在做出判断，并使自己的经济行为适应于从经验中学到的东西，从而使所追求的利益尽可能最大化。

3. "经济人"假设的核心命题，即是：只要有良好的法律和制度的保证以及良好的道德环境，经济人追求个人利益最大化的自由行动会无意识地、卓有成效地增进社会的公共利益，不合理的制度和道德环境必然导致人以不正当的方式追求自身的利益。这是"经济人"假设中最有意义的问题。现代经济学家米尔顿·梅尔斯（Myers, Milton）以此称之为"经济人的灵魂"。②

二、"经济人"主体的界定以及主体的现实经济活动

不论是谁，如果他要与旁人作买卖，他首先就要这样提议，请给我以我所要的东西吧，同时，你也可以获得你所要的东西。……

---

① "自利"假设不等于通常意义上所说的"自私自利"（selfish），因为此处私人利益是广义的私人利益，它既包括物质上的享受，也包括精神上的满足。人们总是做出让自己觉得是最好的决策。因此，从私人利益出发的"经济人"也可能有利他行为（为了得到心理安慰或他人的感激赞许等精神收益），也可能对金钱漠不关心。总之，在市场经济下，每个人追求自己的利益，尽可能使自己的利益最大化。（摘自：黄亚钧，《微观经济学》，高等教育出版社，2000年版，第4页。）

② 杨春学：《经济人与社会秩序分析》，上海三联书店，1998年版，第11~12页。

我们每天所需要的食物和饮料，不是出自屠户、酿酒家或焙面师的恩惠，而是出于他们自利的打算。

——亚当·斯密（Smith, Adam，《国民财富的性质和原因的研究》上卷）

（一）家庭和厂商

在一般的日常经济生活中，"经济人"最基本的主体就是家庭和厂商。他们离不开衣、食、住、行。每天家庭中的消费者为了生存都要去工作，通过出卖自己的劳动力来获得报酬，然后到物品与劳务市场上购买必须的消费品，形成了所谓的需求（Demand）；同时，为了获得收益而满足消费者的需求，厂商每天也要生产消费品作为对家庭的供给（Supply），他们除了构建厂房、机器设备之外，还要雇佣劳动力等生产要素才能进行商品生产，最终把商品销售出去。这是最一般的社会经济运行。这里可以借助2×2经济循环图（图1-1）来充分表现出来。

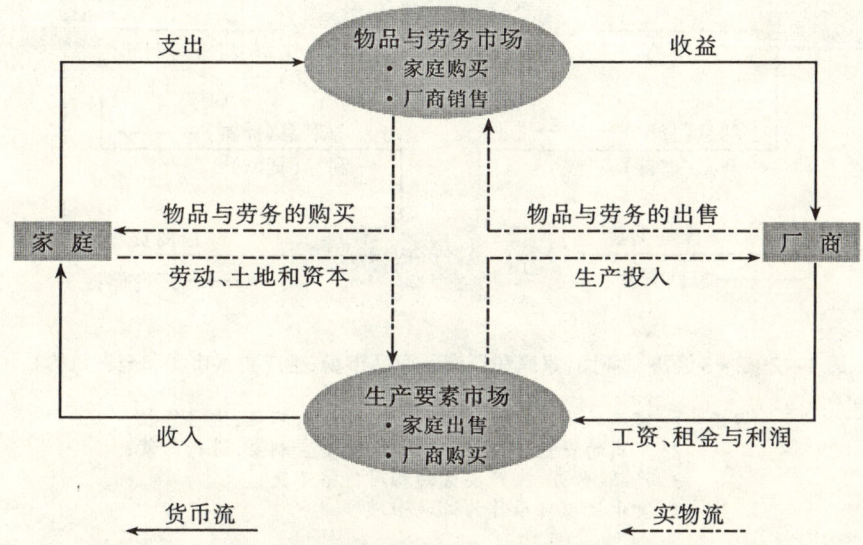

图1-1　2×2经济循环图(家庭和厂商×商品市场和生产要素市场)

假设：1. 家庭的收入全部用于消费支出，没有储蓄；
2. 厂商的收益全部用于支付生产要素，没有投资；
3. 产品、劳务、生产要素的相对价格不变；
4. 实物流以产品和生产要素作为交易对象；
5. 货币流以货币作为流通手段。

从上图可知家庭得到的收入是完全用于购买商品，而厂商通过商品供给得到的收益也完全用于生产投入，这样实线代表的货币流和虚线代表的实物流在货币计量的总量上是相等的。家庭在现实的生活中，一般是不会把收入完全支出掉，他会把收入的一部分作为

第一篇　经济学的研究基础——"经济人"假设

家庭储蓄存入银行,同时得到银行支付的存款利息。若果银行提高利率,家庭一般会增加储蓄。这样,家庭收入的货币流的一部分就会从上面的2×2经济循环图中漏出了。与此同时,厂商也可能由于资金短缺而向银行贷款,当然,他要向银行支付贷款利息。如果贷款利率降低,厂商一般就会增加贷款。这样,从家庭收入中漏出的储蓄,就会通过银行又注入到厂商手中,从而又回到经济运行中。反之,厂商也可能由于资金剩余而进行储蓄,家庭也可能由于资金短缺而贷款,比如住房贷款等。这一过程可以通过下面的2×3经济循环图(图1-2)来表示。

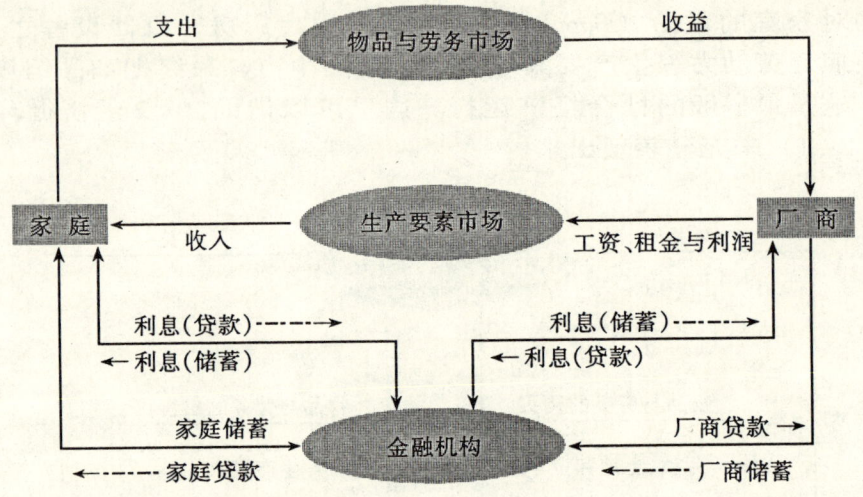

图1-2 2×3经济循环图(家庭和厂商×商品市场、生产要素市场和金融机构)

假设: 1. 家庭的收入剩余,进行储蓄;或收入不足,进行贷款;
2. 厂商的资金不足,进行贷款;或资金剩余,进行储蓄;
3. 产品、劳务、生产要素的相对价格不变;
4. 货币流以货币作为流通手段。

(二) 政府和外商

参与到经济运行中的政府是不是"经济人"? 这是一个争论不休的命题。

崇尚"自由竞争"的经济学家认为:政府只不过是"守夜人"(night watchman),他只需要提供诸如法律和秩序的最低限度的职能,而市场经济制度将在"看不见的手"(an invisible hand)的指引下,经由"经济人"追求私利的努力而最终达到富国裕民的目标。所以政府无需对经济进行干预,国家的经济运行应该是自由放任的,即便是政府干预了也是无效率的。

坚持"政府干预"的一些经济学家认为：仅靠市场的"看不见的手"是有限的，这只手始终有伸不到的地方，它会出现所谓的"市场失灵"(market failure)。他们把政府看作是"奥林匹斯山的神"一般凌驾于"经济人"——家庭和厂商之上，他能有效地运用其财政政策和货币政策对"市场失灵"进行调节，从而实现社会的经济福利最大化。

20世纪70年代开始，西方国家出现以低经济增长、高通货膨胀、高失业和高财政赤字为特征的"滞胀"现象。一些经济学家对"政府干预"进行了反思，提出：政府的理性是"有界"的，他不可能及时、准确、全面把握复杂纷繁的经济变化，这样他做出的政策的效率受到了挑战；其次，即便是政策完全对症下药了，政府的政策从发现问题、提出解决方案，到颁布实施、最终起效的全过程存在"时滞"(time lag)。同时，政府是由各种权力机构组成的，而在这些机构中工作的人们本身也可能构成一个个特殊的既得利益集团，他们的行为就有可能会表现出"经济人"的特性——以手中的权力来谋求自己利益的最大化，以权力进行自我获利的"寻租"(rent-seeking)行为。这就是通常所说的"腐败"。这样，他们认为"政府失灵"(government failure)了。由此，"政府能做什么和不能做什么"成为了当前政府行为讨论的主要内容。

当然，不管政府是不是"经济人"，在实际经济的运行中都可以看到政府是作为经济主体之一参与其中的。首先，政府向厂商征收企业所得税、增值税、消费税、营业税、资源税等等，同时，也向家庭征收个人所得税。税收成为政府的财政收入；之后政府还要进行财政支出，比如兴建公共设施，向各级政府、事业单位、社会保障体系进行财政拨款，以及对外援助等。如果政府的财政收入出现盈余，就表现为政府的储蓄；若政府的财政收入出现赤字，就表现为政府通过国家金融体系筹措资金，即在金融市场上进行贷款或在开放证券市场上发行国债。当经济运行出现衰退时，政府可以通过降低利率或增加财政支出来刺激经济；当经济运行出现过热时，政府可以提高利率或减少财政支出来让经济降温。

进一步说，大多数国家的经济是开放式的，他们或多或少都进行着国际贸易。这样在一个开放式经济下的国家，外商可以看作是本国经济运行的主体之一。他们与国内家庭和厂商一样，也是"经济人"。如果本国厂商发现国外生产的商品价格比国内生产的商品价格低，他就会进口这种商品。反之，如果国外生产的商品价格比国内生产的商品价格高，他就会出口这种商品，以获取更大收益。

政府和外商的经济行为可以通过下面的四部门经济流量循环图（图1-3）来表示。

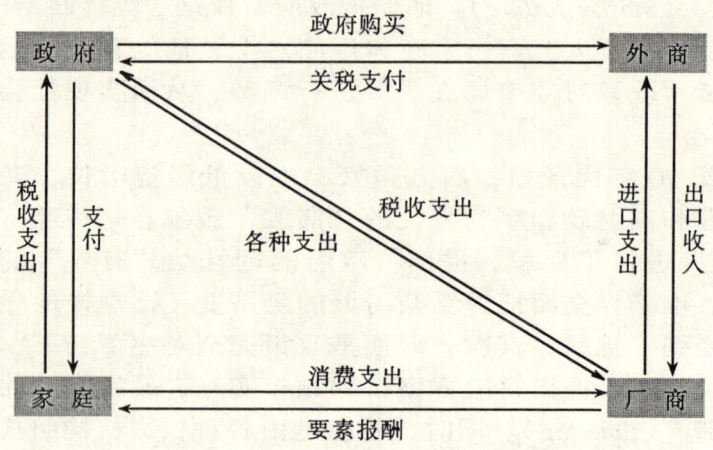

图1-3 四部门经济流量循环图

三、"经济人"选择与资源配置

经济学是研究人和社会如何进行选择，来使用可以有其他用途的稀缺的资源以便生产各种商品，并在现在或将来把商品分配给社会的各个成员或集团以供消费之用。

——保罗·A·萨缪尔森（Paul·A·Samuelson，《经济学原理》）

"经济人"的理性告诉我们，"天下没有白吃的午餐"。为了得到一种我们需要的东西，通常就不得不放弃另一种我们可能也需要的东西。因此，"经济人"在做出决策时，必须在一个目标与另一个目标之间有所取舍。这种必须进行取舍的目标的关系成为交替关系。现代社会普遍存在交替关系，而"经济人"必须在繁多的交替关系中做出正确地选择，因此，"经济人"的选择行为是具有普遍性的。

在任何一个时代或任何一个地区，相对于经济主体消费尽可能多的商品和劳务的愿望，资源总是稀缺（scarcity）的，人们的欲望总是超过实际的生产能力。每一个经济主体都面临着资源稀缺性的问题。从茹毛饮血的远古时代到数字化的今天，从人均年收入不足300美元的贫穷国家到人均收入超过6万美元的富裕经济，资源稀缺性问题始终存在。他并不是资源在绝对数量上的多寡，而是指相对于人们无限多样、不断上升的需要来说，用以满足这些需要的手段，即有用的资源，是相对不足的。同时，在既定的技术条件下，可利用的资源也是相对不足、有限的。有用的资源既包括土地、矿藏、森林、水这样的自然资源，也包括人力资源——劳动力，还包括由上述原始生产要素生产出来的，又再用于生产过程的资本物品（capital goods），如机器、设备等。从劳动力是一种稀缺资源来看，比如说，假定孤岛上的鲁宾逊可以享用充足的土地、森林、水，而且有足够多的现成的野生果实，这些资源似乎都不存在稀缺问题。但是，至少有一种资源对鲁宾逊来说是稀缺的，那就是时间，一天只有24小时。鲁宾逊也希望尽可能多地享受闲暇，但为了充饥御寒，他不得不将时间在劳动与闲暇之间做出分配。

这样"经济人"就不得不面对这样一对矛盾——无限的欲望需要用相对稀缺的资源来满足，这就必然要求"经济人"精打细算，选择最优的消费方式或生产方法来解决这个矛盾。于是，经济学研究的一个基本问题就是"经济人"如何选择资源最佳配置（resource allocation）问题。有用的资源往往都具有一种以上的用途，如土地既可用来耕种，也可用来放牧，还可用来修建道路。在土地数量相对有限的条件下，一种用途占用土地数量增加了，就必然相应缩减别的用途。稀缺性就要求"经济人"做出选择。当问一个小孩要冰淇淋还是巧克力时，他可能会说："我两个都要"。在经济学中，这样的回答是不允许的，人们必须在"鱼与熊掌不可兼得"中做出选择。"经济人"为了选择鱼而放弃熊掌，称其为"经济人"选择的"机会成本"（opportunity cost）。这一成本不同于会计意义上的成本，它不是实际发生的。它是"经济人"在选择了某种资源多种用途中的一种，从而放弃了从其他用途中可能得到的最高收益。因此，"经济人"将在稀缺资源的多种用途中进行权衡比较，根据自己各种需要的强弱缓急做出选择，找到对自己最为有利的配置方法。比如，在水资源缺乏的情况下，第一桶水很可能用作解渴饮用，第二桶水可用于洗漱，第三桶水则可用于灌溉……。总之，在经济学中，"经济人"始终被要求做出各种各样的选择，家庭在一定的收入条件下不仅要在不同商品的消费中进行选择，还要在消费和储蓄间作出选择；[1] 厂商在既定的投入条件下，不仅要在不同生产要素的消费中进行选择，还要考虑是否贷款进行新的投资来实现利润最大化。

具体来说，一个家庭中消费者的收入是有限的，而他的消费欲

---

[1] 黄亚钧，《微观经济学》，高等教育出版社，2000版，第2页。

望是多样的、无限的，为了使有限的收入能够尽可能满足他无限的需求欲望，他就必须对他想要的不同商品按照对他的满足程度进行排序，然后选出在收入范围内能够满足他最大消费欲望的商品组合，或者说为了满足一定的消费欲望，如何用最少的收入来实现。此外，一个家庭的当前收入是在当前消费掉还是作为储蓄将来消费，首先取决于他选择当前消费的机会成本——利息，如果利率提高，家庭通常倾向于减少当前消费，增加储蓄，以充分利用高利率带来的收益；反之，家庭更愿意多消费，少储蓄。其次，家庭的生命周期，即时间的机会成本也是影响家庭当前消费的重要因素。一般来说，年轻家庭的收入呈现当前收入较低，预期收入较高的特点，而年老家庭的收入情况正好相反。这样的收入格局使得年轻人成为"零储蓄"一族，更有甚者，还会通过"寅吃卯粮"来"超前消费"，而中老年人通常会积极储蓄以保障将来的生活水平。由此，可以看出成本——收益法则是家庭"经济人"行为的理性表现。

对厂商来说，生产投入是有限的，也就是说他的成本在一定时间之内不可能无限制扩大，同时他想获得的产出是无穷大的，这样他就面对了一个矛盾——有限的投入和无限的产出。解决这对矛盾就必须在一定的投入范围内，在一定的技术水平下，选择一种最佳的生产要素组合（最简单的就是资本——劳动比，在政治经济学中也称为资本有机构成），从而实现产出的最大化。当然也可以是要实现一定的产出，如何选择一种最小的投入方式来完成。如果把投入的生产要素的数量乘于生产要素的价格就等于成本，产出的数量乘于产出品的价格就等于收益，那么厂商选择的实质也是按成本——收益法则来进行的，即如何用一定的成本来获得最大的收益，或者一定的收益如何用最小的成本来实现。其次，厂商是否贷款进行新的投资取决于贷款利率（成本）和投资的预期收益率（收益），如果贷款利率小于投资的预期收益率，厂商就会选择贷款投资。这样，成本——收益法则仍旧是厂商"经济人"行为的理性表现。

所以，一个普遍采用的经济学定义正是"研究如何将有限的资源有效率地配置于多种需求和欲望的科学"。

对整个经济社会来说，其实也面临着同样的问题——在既定的资源条件下，不仅要在不同商品的生产中进行选择，还要在消费和投资中进行选择。这一点可以用"大炮与黄油的矛盾"来进行说明。假设一个社会只生产两种商品：大炮与黄油。在既定的资源条件下，如果全部资源都生产大炮可以生产15万门，全部生产黄油可以生产5万吨。那么多生产大炮必然少生产黄油，多生产黄油也必

然少生产大炮。面对这一矛盾,假设社会能够提出 A、B、C、D、E、F 六种大炮和黄油的生产组合方式。如下表 1-1:

表 1-1①

生产组合方式	黄油(万吨)	大炮(万门)
A	0	15
B	1	14
C	2	12
D	3	9
E	4	5
F	5	0

根据上表可以做出下面的图 1-4:

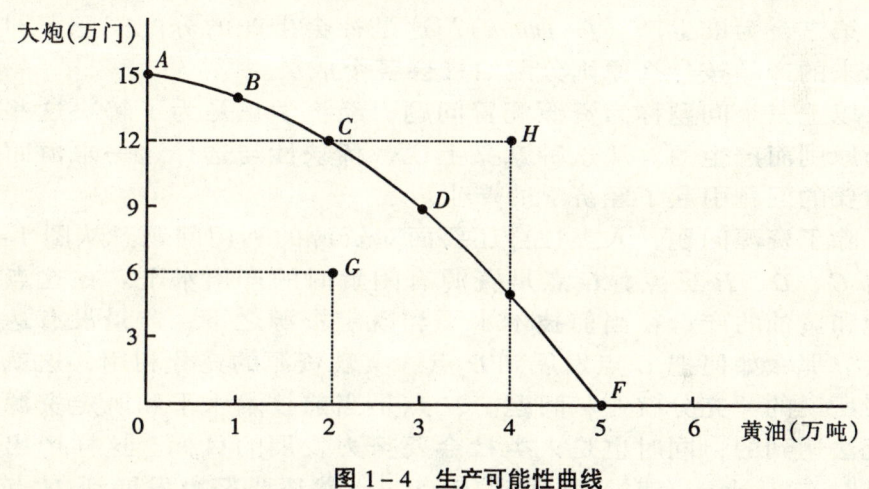

图 1-4 生产可能性曲线

图中的 ADF 曲线表明了在资源既定的条件下,所能达到的大炮与黄油最大产量的组合。ADF 曲线以内的一点(G,大炮 6 万门,黄油 2 万吨)也是资源既定下所能达到的,但并不是最大产量的组合,这时的资源没有得到充分利用。ADF 曲线以外的一点(H,大炮 12 万门,黄油 4 万吨)是大炮和黄油更大数量的组合,但在现有资源条件下无法实现。只有 ADF 曲线上的任何一点,才是资源既定条件下既能实现,又是最大产量的组合。由此,ADF 曲线被称为生产可能曲线、生产可能性边界或生产转换线。从图上还可以看出,多生产一万吨黄油,要少生产若干单位大炮,例如从 A 点到 B 点,

---

① 梁小明,《西方经济学基础教程》,北京大学出版社,1992 年版,第 1 页。

多生产一万吨黄油，要少生产一万门大炮。

从以上分析，小到"经济人"，大到一个经济社会，都面临着资源的稀缺性与需求的无限性矛盾。人类社会必须按照自己需求欲望的轻重缓急，选择如何对既定资源进行配置，以便更好地满足人类的需求。具体来说，要解决好三个问题：

第一，生产什么（what）？这是社会生产的产出问题，即在产出大炮和黄油的6种可能性组合中选择哪一种。但是并不是6种可能性组合都能随意选择，它会受到技术水平的限制。

第二，如何生产（how）？这是社会生产的投入问题，即按什么样的生产要素比例进行生产，是资本多一些，还是劳动多一些，也就是通常所说的是选择资本密集型方法生产，还是用劳动密集型方法。从本质上看，这是一个技术问题。虽然采用不同的技术进行生产，可以达到相同的产量，但是经济效率却有差别。

第三，为谁生产（for whom）？这是社会生产的分配问题，即生产出来的产品按什么原则分配给社会各个成员。

以上三个问题称为资源配置问题，经济学正是为了解决这些问题的原则而产生的。从这种意义上说，稀缺性与选择这一永恒而至关重要的问题引起了经济学的产生。

除了资源问题，人类社会还要面对资源的利用问题。从图1-4上看 G、D、H 三点，G 点是资源有闲置时的产出水平。在这点上大炮和黄油的产量在当前技术水平和既定资源之下，产量没有达到最大。那么如何把 G 点发展到 D 点，实现资源的充分利用，这就是一般所说的"充分就业"问题。H 点是当前技术水平和既定资源之下无法达到的，同时也是人类社会要努力发展的目标。这样产出水平有时在 D 点，有时又跌落到 G 点，当然还要努力发展到 H 点或更高点。这就是一般所说的"经济波动与经济增长问题"。此外，现代社会是一个以货币为交换媒介的商品社会，货币购买力的变动对"大炮和黄油的矛盾"所引起的各种问题的解决都影响很大。这也就是一般所说的"通货膨胀（或通货紧缩）"问题。以上三个资源利用问题，也就是经济学所研究的对象了。

最后，尽管各种社会都存在"大炮和黄油的矛盾"，但解决这一矛盾的方法并不同。换句话来说，在不同的经济制度下，资源配置与资源利用问题的解决方法是不同的。当前解决资源配置与资源利用问题的经济制度基本上有两种：一是市场经济制度，二是计划经济制度（也叫政府干预经济制度）。两种制度以何种方式来解决资源配置与资源利用问题；不同解决方式各有什么优缺点；在什么情况下，什么制度经济效率更高；这两种经济制度应该如何结合，等等。这些都是经济学研究的对象。

四、"经济人"的文化环境

文化：一组人群行为规范的稳定预期和共同信念。

——张维迎（《产权、政府与信誉》，2001年）

"经济人"假设实质上是对人在社会中的经济行为的一种提纯和精练，是社会人经济行为共性分析。因此，"经济人"是一种特定社会文化的产物，是经济生活在历史文化中生动体现。市场经济的运转和发展需要良好的文化基础，"经济人"的经济行为需要文化环境和制度关系的支撑。纯理性的经济学分析需要依赖特定环境的假定，排除相应的不良或重大的影响条件，以获取相应经济学结果。但是由于实际社会因素中尤其是社会文化因素而衍生出来的变量结果更具不可预期的特性，使得纯经济理论趋向对文化和制度的研究，挖掘文化共性和个性，而其结果和目的就是为市场经济的发展创造良好的、高效能的文化环境。

什么是文化？根据荷兰文化协作所所长霍夫斯特德（G·Hofstede）教授的观点，文化是一个环境中的人的"共同的心理程序"（collective mental programming）。因此，文化不是一个个体特征，而是具有相同的教育和生活经验的许多人所共有的心理程序。不同的群体、区域、国家的这种程序必然相互差异。因为不同的群体所处的物质环境不同，有着不同的生活经验和教育境况，所以即便是在中国，东部和西部有着差异、汉族和其他民族之间都存在差异。文化又是一国、一地区主导民族历史发展的见证，也是历史发展的积淀。

文化是一个环境中的人的"共同的心理程序"，具有紧密的、不可切断的连续性，现代文化不是传统文化和新的文化现象的简单累加。文化随着时间的推移、环境的改变等，将不断的充实新的内容，文化的发展过程就是文化对环境的适应过程，不断摒弃不适应的内容，填充和发展新的内容，成为当前的文化体系。大环境的文化必然包含了很多小环境中成长的传统文化（在现代很多人将之称为边缘文化）并由此发展形成的次现代文化体系。

价值取向、思维方式和道德习俗等三个方面是文化发生作用的集中渠道。此外，文化在公众的语言文字、审美情趣、国民性格等方面对经济产生影响和作用。所谓的价值取向，即是指在长期的历史文化的独特性作用下而形成的价值观,属于哲学的范畴,又因哲学的产生而升华。思维方式决定于道德习俗和价值取向,而后两者作为"共同的心理程序"的重要组成部分同样地取决于生活环境、教育和历史因素。这三者(价值取向,思维方式和道德习俗)在很大程度上决定了个体的经济行为方式或群体的经济、政治行为方式。因此,文化对经济发展的一个最重大的影响就是文化间接引起了个体或者准确地说是引起了各类经济载体的消费生产习惯的不同、经济行为方式的不同、对经济后果的理解不同、经济过程中的操作顺序不同、对各类产业的偏向和倚重不同、对经济行为的评判标准不同等等,从而也决定一个地区的市场发展方向、产业结构(尽管这有很多其他的因素,但这是最重要的)、消费品类型和构成。就如《人民日报》一篇长篇的报道发出的叹息:手中有大把钞票的温州怎么就没有多少人进入证券或金融市场呢?实质上很简单,温州传统文化尤其是南宋以后的"事功学派"提倡的事功之学就告知天下:温州人只务实,虚的东西不干。

因此,文化和制度建设对现代经济的作用机制的培育将成为关键所在。应该说,文化不是通过现在的教育系统体现在个体的行为或素质上的,而是在一代又一代的言传身教,在一代又一代的道德规范的变迁中,在一代又一代的人文交融后,在一代又一代的行为习俗的变化后植根于人们的内心和大脑深处的一种"模糊"的意识状态,尽管是一种模糊的意识状态,但却又能左右这个人的行为、思维方式、语言等。文化体现在人们的行为方式、审美情趣、宗教信仰、服饰穿着、建筑风格、世俗观念、爱国情怀等等上,这些就成了文化对经济发展产生影响这一过程所需的传导机制的载体。并且这些载体能在个人的身上得到很集中的体现。因此,作为经济活动中的主体的个人成了文化影响经济发展的结合点。这一过程,可以用图1-5表示出来:

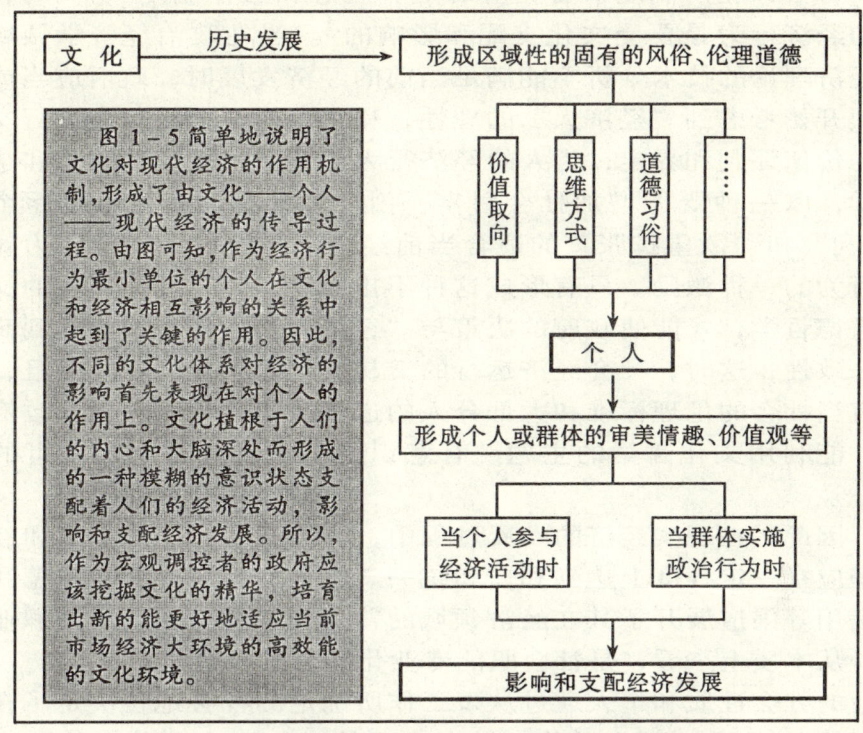

图1-5 文化—个人—现代经济的传导过程示意图

因此，道德、法律以及制度等文化的综合因素为市场经济的运行和"经济人"理性经济行为创造了不可或缺的经济条件。

五、道德作为一种无形契约对"经济人"具有普遍的约束力

在人类行为的分析中，没有从任何更深的意义上去关注伦理考虑的重要性。

——阿马蒂亚·森（Amarya Sen，《伦理学与经济学》）

什么是德？德就是人类社会存在发展所必需的相处之道，也是个人存在于社会的立身之本，其本质是人的一种社会属性。礼是德的外在表现[①]。道德是一个综合概念，是一种伦理内容。作为伦理层次的第一要求，道德为社会人的行为提出了伦理范畴的行为规范。其在经济学中的重要表现手段即为职业道德和经济信用。道德所构建的个人行为准则是市场经济运作的基础和市场有序操作的一种有效保证。

---

① 黄昕，《道德与经济》，2002年11月15日发表于《经济学家》网站 www.jjxj.com。

每一种经济制度都有相应的道德观念和法律制度①，同时，大量的经济行为是要受文化支配和影响的②。当在政治经济学领域运用经济理论的技术分析不能满足当前的经济发展时，政府应当或者必须开始考虑到"经济人"的理性，和对人的道德及行为进行文化上的价值评判和界定，为人的经济行为创造一种适度的文化和道德哲学，以一种既能增加社会财富，创造公共福利；又不排斥个人"自利"和"欲望扩张"的适合当前经济形式的伦理标准作为对人的行为的一种激励。只有形成这种不排斥个人"自利"本性的文化和道德哲学，才能使政府的决策与"经济人"的经济行为达到高度的一致性，这时，社会经济运行的交易成本才可能降低。并且，也只有当社会的伦理标准和大部分人的道德操守达到相符时，政府机构才能利用文化哲学的主题"有意识地创造社会福利和人世的统一"③。

因此，在现实经济的发展过程中，政治制度、经济制度和经济伦理应在一定程度上达到和谐和统一。道德集中通过职业道德和经济信用等渠道展开了其在经济领域的普遍约束的作用。所谓职业道德，从本质上来看，是社会职能专业化和人的角色社会化的统一④。职业的社会性质和个人通过从事工作所确定的社会地位决定了在各个行业的不同的职业道德：做官有官德，行医有医德，从艺有艺德，经商有商德，执教有教德，从事学术研究有学德。各行各业的人都需自觉遵守本行业相一致的道德准则和行为规范，并受到这种道德准则和行为规范约束，这也是道德的一种自律方式。职业道德是一种角色道德，其具有高度的社会性和普遍约束性。在经济伦理体系中，职业道德与经济信用一样，是整个经济伦理体系的基石⑤。职业道德在社会范畴具体表现为责、权、利。"责"是指每种职业都意味着承担一定的社会责任；"权"是指每种职业都享有一定的社会权力，即职权。这些职权是社会公共权力的一部分，在如何承担和行使职业权力上，体现着社会公共道德；"利"是指每种职业都体现和处理着一定的利益关系，尤其是那些以公众为服务对象的职业，都是社会利益（或国家利益）、公众利益、行业集体利益和个人利益的集结点。如何处理它们之间的关系，既是职业的责任和

---

① 何清涟，《现代化的陷阱》，今日中国出版社，1998年版，第168页。
② 彼得·科斯洛夫斯基，《伦理经济学原理》，中国社会科学出版社。
③ 彼得·科斯洛夫斯基，《伦理经济学原理》，中国社会科学出版社，第118页。
④ 何清涟，《现代化的陷阱》，今日中国出版社，1998年版，第172页。
⑤ 何清涟，《现代化的陷阱》，今日中国出版社，1998年版，第172页。

权力所在，也是职业内在的道德内容[①]。

道德规范不具有类似法律的强制性，尽管道德规范能够从社会角度调节人们的自我行为和一切非法律的人际关系，但是道德规范的作用途径却仅限于人们的自觉地自我约束和遵守，即自律。因此，道德规范的约束作用受到从事社会各种活动的人的良心、素质和受教育程度的不同的限制。道德在实施规范的过程中存在着致命的弱点，然而却是不可或缺的。道德的约束作用尽管显得薄弱，但是道德却以一种情感的方式维系着社会中非法律的人际关系，成为人们做出决策的最后底线。于是，哈耶克认为：市场经济最重要的道德基础就是"责任感"，因为这种责任感源于每个人对自己行为的一切后果负责的道德感。因此，"经济人"在面对交替关系时，其做出决策是存在道德风险或者是具有道德收益的。社会选择不仅存在于经济领域，同时也普遍存在于非经济领域。在非经济领域尤其是非法律确定人际关系中，道德规范的作用能够得以充分体现。由于在这一领域缺乏法律的强制规范，道德谴责与道德收益就成为"经济人"做出选择的成本——收益分析的重要衡量指标；在经济领域，"经济人"除了纯技术分析外，其实已经默认了一种社会最低的道德底线——社会人都是有责任感的。

而作为道德另一种重要表现形式的经济信用除了存在重要的道德意义之外，实质上更是契约发生作用的重要基础。经济信用是经济实体的存在和发展的一种不可或缺的道德资本，对"经济人"的行为规定具体的内容，屏除了"经济人"行为在付诸经济行为时由于过度的"欲望扩张"而导致的不良影响，比如：伪劣、欺诈等。经济信用在经济环境中，越能被重视，交易成本越能节约，交易行为越容易发生。

六、契约是约束"经济人"行为的一种有效方式

契约，不论是隐含的还是显性的，涉及到两个或者多个当事人之间某种持续的关系。
　　　　——斯蒂格利茨（Joseph E. Stiglitz，《契约理论与宏观经济波动》）

市场经济是正常经济活动的前提和基础。商品交换是以等价交换为原则和社会分工为基础的劳动产品交换，交易双方都以信用作为守约条件。随着交换关系的复杂，日益扩展的市场关系便逐步建

---

① 何清涟，《现代化的陷阱》，今日中国出版社，1998年版，第172页。

起彼此相联,互为制约的信用关系链条,维系着错综复杂的市场交换关系和正常有序的市场秩序。若一方不守信用,等价交换关系就会遭到破坏。可见,从最初的交换到现代的市场关系,都是以信用为基本准则的。没有信用,就没有秩序、没有交换、没有市场,经济活动就难以健康发展[①]。

所谓"经济信用",和职业道德一样,是人们在经济交往中的基本行为准则,也是任何社会中经济实体生存与发展必不可少的一项道德资本。因而它的要求往往十分明确、具体、清楚,甚至一目了然,使从事交易者很容易识别、理解并遵循。如货到款讫、不销售伪劣制品等。关于经济信用在经济生活中的意义,有一句著名的话,即马克斯·韦伯在《新教伦理与资本主义精神》中反复强调的那句"信用就是金钱"[②]。信用在社会生活的中的普遍应用,不仅包括非经济领域的道德自律,同时包括了经济生活中的各种复杂的经济关系的产生和维持。进一步说,经济信用运用了道德甚至是伦理整体的综合力量对"经济人"的行为产生约束力。因此,稳定可靠的信用体系的建设是市场经济活动各类载体进行公平有效交易的基础,也是契约最终达成的保障。

契约实质上是交易双方就交易内容达成的对权利和义务的共识,最终上升到法律高度而成为维系交易双方经济关系的一种纽带。在法律成为契约得以实施的重要保证的同时,道德环境和道德规范尤其经济信用成为契约形成、权利获得和义务实施的基础和无形保障。因此,法律和经济信用实质上成为了契约对"经济人"行为产生约束的根本原因。

西方契约理念可以追溯到圣经中大卫及其人民签订的盟约、罗马法和亚里士多德政治学中所讨论的原则。托马斯在其王权和教权的竞争的背景上对上述三个理论渊源作了一个综合的理论概括。而洛克、卢梭和康德进一步发展了契约论[③]。

契约的概念源自圣经却普遍应用在社会生活的各个方面。从伦理角度看圣经,也可以发现,圣经实质上是道德意义上的社会人和上帝之间的多方关系的契约。引此为例子,圣经作为一种宗教信仰的经典,从普遍范围规定了社会人的权利和义务,规定了人与人之间各种关系的存在。一旦认同了这样的宗教契约,人们就自觉地

---

① 林大城,《失信与信用建设》,2003年6月10日发表于《经济学家》www.jjxj.com。
② 何清涟,《现代化的陷阱》,今日中国出版社,1998年版,第177。
③ 何包钢,《罗尔斯的规范方法论:契约、无知之幕和反思的平衡》,2003年8月17日发表于《学生大》www.studa.com。

"受制"于该契约对该"契约人"的约束并享受契约对于遵守者所带来的心理感受和权利。而对契约的背叛不仅是会带来个人在自我心理上的惩罚,同时也将受到道德的处罚和谴责。

因此,当法律规范在政府的主导下将契约上升到相应的高度时,违背契约的结果不仅会受到法律制裁,道德损失也必须作为"经济人"成本收益分析时的一个重要参数。

基于契约的性质,契约因此成为约束"经济人"行为的一种有效方式:首先,契约是直接以现实的道德规范为基础、以法律为契约得以实施的重要保障的,契约各方所能达成一致的对权利和义务的规定。"经济人"在根据契约进行相关的经济活动,其成本和收益的比较已经在契约上得到了直接证明。"经济人"不能享受超过契约的权限,也不必为契约义务支付过多的成本。其次,当经济信用相对成熟时,道德环境能为契约的形成提供便利的条件。经济信用的发达必然带来信息的畅通,在最大程度上降低了交易成本并缩短了资本在市场上的运转周期。再次,契约是"经济人"之间形成经济关系一种最直接工具。契约是"经济人"在其自利、理性的基础做出的一种一致共识,其对契约各方权利和义务的规定是直接、清晰、明确的。然后,契约具有时效性,因此,契约所形成的经济关系具有时效性。"经济人"可以根据契约达成、终止、退出和延续经济关系,而这样的经济关系是理性的人最愿意接受的。最后,经济关系一旦经契约确定,就得到了法律和道德的双重保护。

七、法律是约束个体经济行为的一种强制手段

人类社会即使缺乏希腊式的感情,但是通过社会法规的建立,"可以在人们相互之间缺乏爱或感情的情况下,像它存在不同的商人中间那样,存在于不同的人中间;并且,虽然在这一社会中,没有人负有任何义务,或者一定要对别人表示感激,但是社会仍然可以根据一种一致的估价,通过完全着眼于实利的互惠行为而被维持下去。"

——亚当·斯密(Smith, Adam,《道德情操论》)

道德作为人们共同的行为准则和规范,是构成社会文明的重要因素,是维系和谐人际关系、良好社会秩序的基本条件。法律规范与道德规范有所不同,法律具有强制性,是由国家权力机关制定并靠强制手段来实行的。法律是综合民意的体现,表现了一定的经济团体的具体利益。如果说道德是"经济人"具体经济行为的软环

境，那么，法律就是市场经济运转的硬环境。法律提炼于现实的道德规范，对社会生活不断地做出精确的概括并做出符合大部分人利益的规范。从确定的原则来看，法律实质上是国家权利机关和国民的一种多方契约。所不同的是，法律这一契约不仅确定了国家和民众的相互关系，也确立了国民之间的各种关系。法律关系一旦确定，国家的权利机关必须确保法律关系内各种载体在法律范围内的正常运行。

　　法律的制定必然以正义和公平为前提，是能被大多数人所能接受的。法律的直接运用工具是国家权利机关下设的执法机关，确保法律契约的可执行性。对于"经济人"行为的法律制裁将是其成本收益分析的一项重要内容。

第二篇

经济学的基本研究方法

> 在整个科学史上，一些哲学家和科学家致力于描述能够产生科学知识的唯一系统的方法……一些科学家或许相信他们自己的这样一个描述和他们的工作，但是，将这种处理方式带入实践则是不可能的。……科学家们并不是遵循唯一的科学方法，而是运用特别适合他们工作的一组方法……这些方法包括科学家应用于他们的工作，以及与其他科学家打交道的所有技术和原理。
>
> ——阿亚拉等（Ayala, On Being a Scientist, 1989）

一、实证分析和规范分析

"经济人"在面临选择、做出决策的时候都必须经历这样的一个过程，那就是既要像科学家一样将经济问题进行现实还原，做出客观描述；又要作为决策者对经济现象做出价值判断，提出决策依据。因此，在对同一个经济现象上，科学家和决策者往往会给出不同的结果，这也就是实证分析（positive analysis）和规范分析（normative analysis）的重要区别所在。

进行实证分析的科学家企图摆脱社会的一切价值判断以客观公正地还原现实经济规律，实证分析关注的是经济中纯事实部分的客观描述和因果关系的客观描述，并根据假设条件，来回答"是什么"的问题。规范分析则建立在一定的社会价值判断的基础上，关注经济学中对经济现象和经济政策进行价值判断的部分，并根据这种价值判断的标准进行对客观经济现象的评析，回答"应该是什么"的问题。

但是，不要因此就认为实证分析和规范分析是相互独立，甚至是存在矛盾的。因为经济学是一门社会科学，其要解答的问题不是单纯的自然科学命题。经济学的分析方法除了严密的逻辑和数学推导是不够的，因为经济学还要告诉人们社会经济应该如何运行的。从规避价值判断以还原现实到以价值判断为基础回答"应该是什么"，这个过程实质上是经济学研究经济万象的一个综合方法。因此，对于同一种经济政策的分析，单独地站在实证或者规范的角度，会出现不同的结果。但是将这些不同的结果综合起来，却是对该种经济政策有效的综合评判。例如，当政府新近公布了一项最低工资法令时，采取实证分析和规范分析可以得到以下三个方面的结论：

通过实证分析，可以描述出①政策产生的效应，并回答这项法令如何影响工人的就业和工资水平、增加失业、使人受损或者受益的问题；②政府效应的大小，并客观地描述法令实行后，失业会上升多少、新增的失业人口如何在不同社会阶层中分配、在职工人的工资上升多少等。

而利用社会价值判断的规范分析方法却会去衡量③政策的利弊得失。并对在职工人的受益与新失业工人的损失进行对比，对新法令的利弊做出衡量，最终提出这一法令是否能够付诸应用的问题。

因此，从本质上说，不是就认为规范分析不如实证分析那么精确、科学，因为规范分析是一种牵涉到个人道德准则和好恶的主观价值判断。一般说来，通过实证分析的结果，人们比较容易达成共识，而在规范分析的结论上却容易产生分歧和争端。例如，如果最低工资法令一方面使一些不熟练工人丢掉了工作，另一方面又使大部分保住工作的人工资待遇有显著提高，那么，来自不同社会团体的人对此法令的反应截然不同是毫不奇怪的。

二、个量分析与总量分析

宏观经济学和微观经济学在对象上以资源利用和资源配置相区别，而在方法上则以总量分析与个量分析相区别。总量分析称为宏观经济分析方法，而个量分析则称为微观经济分析方法。

西方经济学在运用总量分析与个量分析方法对经济问题进行考察时，首先假定制度是已知的、既定的，在这个前提下来对经济中的总量和个量进行分析。这并不是西方经济学家认为制度对经济不起作用，或者说认为制度的作用并不重要，而是他们认为，不管制度对经济活动会产生什么样的影响，制度本身或制度变动的原因和后果不是微观经济分析和宏观经济分析能够解决的，也就是说，制度本身已经超过了微观经济分析和宏观经济分析所能解决的范畴，因此，在进行分析时，可以把更为底层的，包括制度等内容在内的东西加以假定，也就是在给定的前提和基础之下来进行分析。

微观经济学采用个量分析方法，宏观经济学采用总量分析方法，都是由他们的研究对象的特点决定的。微观经济学以个体的经济活动为对象，它就必须要分析单个厂商如何在生产经营中获得最大利润，单个居民如何在消费中得到最大的效用和满足。与此相对应的，在数量分析上，它还必须研究单个商品的效用、供求量、价格等如何决定；单个企业的各种生产要素的投入量、产出量、成本、收益和利润等如何决定；以及这些个量之间的相互关系。宏观经济学以总体经济活动为对象，它必须从总体上描绘出社会经济活动总的框架和画面，分析影响就业与经济增长的总量因素以及其相互关系。在数量分析上，它必须研究社会总供求、均衡的国民收入、总就业量、物价水平、经济增长率等如何决定；总消费、总投资、货币量、利率、汇率等如何决定；以及它们的相互依存关系。

个量分析和总量分析，作为一种数量分析的具体形式，都广泛地采用边际分析法。宏观经济学和微观经济学在进行数量分析时，把变量区分为内生变量（exogenous variable）和外生变量（endogenous variable）。内生变量是指由经济体内部的变化所引起的变量，是由经济体内部自身决定的，外力难以干预；而外生变量是指由经济体以外的其他因素引起的，会使经济体本身发生改变的变量。

宏观经济学在进行总量分析时，还把相关的经济变量区分为流量和存量。所谓流量是指一定时期内发生的变量变动的数值；而存量则是指在一定的时点上所存在的变量的数值。存量与流量其实是同一经济形式的不同反映，具有相当密切的关系。流量来自存量，流量又归于存量之中。比如国民生产总值就是个流量的概念，因为它所反映的是一个时期内一个国家财富创造的多少，而国民财富就是个存量概念，它表示某一个时点国民财富总值。一定的国民生产总值来源于一定的国民财富，而新创造的国民生产总值又会计入到国民财富之中。流量分析是指对一定时间内有关经济总量的产出、投入（或收入、支出）的变动及其对其他经济总量的影响进行分析。存量分析是指对一定时点上已有的经济总量的数值对其他有关经济变动量的影响进行分析。

第二篇 经济学的基本研究方法

三、均衡分析和边际分析

均衡（equilibrium）是物理学的概念，指的是物体由于所受各方向外力正好相互抵消而处于静止状态。在经济分析中，均衡是指经济体系中各种变动着的力量处于一种相对稳定的状态。在均衡条件下，"经济人"所做出的决策正好相容，并且在外界条件保持不变得条件下，由于"经济人"之间的决策存在相互牵制的作用，"经济人"改变其经济行为所带来的成本将大于因此而带来的收益。因此，在其他条件保持稳定的前提条件下，均衡始终处于一种相对稳定的状态。

均衡分析方法，就是假定各种外界因素保持相对稳定的前提下，分析各种经济变量之间的关系，以研究经济均衡的实现条件和变动状况。均衡分析方法是经济学分析中的一个重要工具。均衡分析方法又可以分为局部均衡分析和一般均衡分析。局部均衡分析是指在其他条件保持不变的前提下，分析单个市场内达到稳定状态时所需的基本条件，并预测在单个市场上当制约均衡的各种条件发生变化时，经济变动的大致方向；而一般均衡分析则要考察各个市场之间的均衡建立和变动，是在各个市场的相互关系中来研究市场的均衡问题。

在经济学中，所谓"边际"指的是一个微小的增量带来的变化，即数学中的微分的含义。如"边际效用"指的是每增加一个单位的商品消费所带来的总效用的增量，或者说是增加的最后一个单位的商品消费带来的增加的效用。在经济分析中，会提到许多有关边际的概念，概括起来分为两大类：一是边际收益（marginal revenue），一是边际成本（marginal cost）。前者指的是稍微增加某种经济活动所带来的增加的利益（如货币收入、满意程度等）；后者则指稍微增加某种经济活动所带来的增加的成本或减少的利益。寻求利益极大化的个人总是遵循这样的边际原则：当某项经济活动（如生产、消费）的边际收益大于边际成本时，人们会扩大这种活动；反之，则减少这种活动；直到边际收益等于边际成本，此时的这种经济活动处于最优状态，也就是达到了均衡。

再看一下市场经济中，人们在选择自己受教育的年限时，是如何达到均衡的。首先假定受教育的年限越长，越容易找到薪水更高的工作。这一假定是可以找到事实依据的。世界银行《1991年世界发展报告》中指出，① 在接受教育的头3年，劳动力受教育的平均时间增加1年，总产值就会增加9%，尔后增加的学年收益衰减为每年使总产值增加4%，以后我们还会证明，在市场经济中，劳动者得到的报酬与他创造的财富是近乎成正比的。另外，世界银行对美国、法国、韩国、西班牙、科特迪瓦等12个发达、发展中国家的调查表明，增加1年学校教育时间平均可使工资增长10%以上。总之，受教育的边际收益是增加1年教育带来的增加的收入。其次，我们又假定，至少从某一年后，受教育的边际收益是递减的，这个假定也是符合直观常理的。上面的世界银行的调整报告也支持了教育边际收益递减的假说。事实上，可以这样想：如果教育的边际收益不是递减的，那么，随着教育年限的增加，收入会变得无限高，这显然是不可能的。另一方面，受教育也是有成本的，这包括学费、书费，还有因上学而放弃工作而损失的收入。而边际成本则是增加1年教育所增加的学费、放弃的收入等，这应该是递增的（大学生学费显然高于小学生）。下面可将受教育的边际收益（MR）和边际成本（MC）显示在图2-1中。

在图2-1中，如果某人一开始已选择了接受 a 年教育，他发现增加1年教育可使收入上升 OP，而学费等支出仅需增加 OQ，OP 大于 OQ，也就是边际收益大于边际成本，可见增加受教育的年限还是有利可图的（注意，增加的收入是未来的收入，暂不考虑货币的时间因素）。因此，他会延长受教育年限，直到 b 年，此时，边际收益恰好等于边际成本，这便是最优选择，从教育中得到的净收益在 b 年达到最大值。

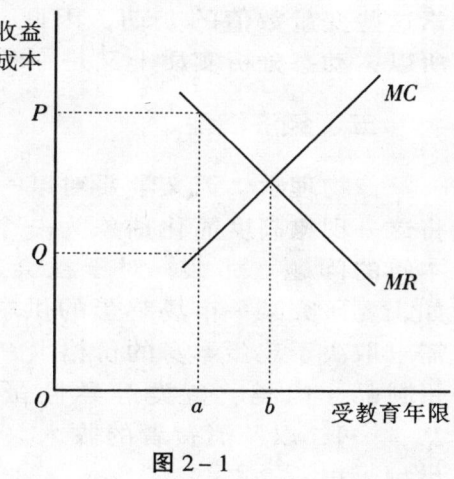

图2-1

我们还可以发现，如果他继续增加他的受教育的年限，那么，他这样做是不合算的，因为，在 b 年之后，增加受教育年限所增加的成本将不可能通过增加的收入得到补偿（边际成本大于边际收益），或者说受教育的净收益将减少。

---

① 黄亚钧，《微观经济学》，高等教育出版社，2000版，第6~7页。

四、静态分析和动态分析

在均衡分析中,一般假定自变量是已知的和既定的,来考察因变量达到均衡状态的条件和在均衡状态下的情况,这种分析又被称作静态分析。但是,静态分析方法存在缺陷,因为静态分析排除了对经济运行的过程和时间的考虑。所以,一旦自变量中的一部分和全部发生了变化,就必须重新考虑同一问题。因此,会有两种不同的方法。一种方法是比较静态分析,是指在某些已知量发生变化的情况下,对变化之后的变量再做一次静态分析,研究从一种静态均衡状态运动到最终均衡状态位置的情况,但仍然忽略两种均衡的变动过程和时间因素,而着重于对开始和最终这两种均衡位置进行对比分析。因此,比较静态分析方法依然属于静态分析的范畴。另一种分析方法是动态分析方法,较之比较静态分析方法,动态分析方法注重的是两种均衡状态的变化过程和时间,实质上是研究经济失衡的一种方法。失衡指的是非稳定均衡,即指任何脱离均衡的运动一旦出现,将向外发散而越来越背离原来的均衡状态。对经济问题的动态研究是对相关经济变量的不断变动过程作分析,它要逐步探索这些变量数值的变动,因此,必须把变动过程的时期做出划分。所以,动态分析实质上又是一种"时间序列分析"。

五、经济模型

像物理学、天文学要对某一物理或自然现象进行研究,通常要将这一现象高度简化抽象为一个模型,以便于更好地理解或解决最本质的问题。那么,对于社会经济现象进行分析也是一样的。例如,要研究某一市场鸡蛋的供求状况。从需求方面来看,对鸡蛋的需求取决于鸡蛋本身的价格(P),其他可替代的蛋白质品,如其他蛋制品、肉类、鱼类等异性蛋白和豆类蛋白等的价格(P_1,P_2,P_3,…),以及消费者的收入(Y),这一关系可以概括为这样一个模型方程:

$$Q_d = f(P, P_1, P_2, P_3, \cdots, Y) \tag{1.1}$$

同样,鸡蛋的供给量取决于这样一些因素:鸡蛋本身的价格,养鸡的投入价格、运输等成本项目的价格(P'_1,P'_2,P'_3,…),以及政府税收(T),我们也可用模型来表示:

$$Q_s = g(P, P'_1, P'_2, P'_3, \cdots, T) \tag{1.2}$$

由于均衡分析要求供给等于需求,则得到:

$$Q_s = Q_d \tag{1.3}$$

由 (1.1)、(1.2)、(1.3) 式便组成了一个完整的模型。模型中涉及到许多变量，如 Q_s、Q_d、P、T 等，这些变量可以分为两大类：外生变量和内生变量。在上面这个模型中，假定需求函数中的替代品的价格、消费者收入和供给函数中的成本项目价格、政府税收都是可以在模型之外测定的，因而被假定为已知的外生变量；而供给量、需求量和价格则是需要求解的内生变量。假定供给量、需求量与价格具有以下函数关系：

$Q_d = f(P) = 6 - 0.03P$

$Q_s = g(P) = 1 + 0.02P$

$Q_s = Q_d$

这是一个三元一次方程组，通过解方程组，可以得到均衡价格 P^* 和均衡产量 Q_s^* 或 Q_d^* 分别为：

$P^* = 3$

$Q_s^* = Q_d^* = 100$

也就是说，在 3 这个价格下，鸡蛋的供给量正好等于需求量，都是 100。这可以说是一个最简单的经济模型，在以后的学习中，会碰到一些更复杂的模型。

第三篇

"经济人"的行为空间
——市场

> 市场经济是一架精巧的机构,通过一系列的价格和市场,无意识地协调着人们的经济活动。它也是一具传达信息的机器,把千百万不同个人的知识和行动汇合在一起。虽然不具有统一的智力,它却解决着一种当今最大的计算机无能为力,牵涉到上百万未知数和关系的问题。
>
> ——保罗·A·萨缪尔森(Paul·A·Samuelson,《经济学原理》)

一、市场通常是组织经济活动的一种好方法

市场是一个什么东西呢?这可以说是一个既古老又永恒的话题。在原始社会的末期,一个人有一把石斧,但此时他更想要的是两只羊,因此,他希望用这把石斧去换两只羊。此时,刚好有一个人拥有两只羊,但他想得到一把石斧,而且他还知道前一个人有一把石斧,想要换两只羊,于是后一个人找到前一个人,这个交换就完成了,双方都得到了各自需要的东西。而且,还可以假设后一个人由于害怕交换发生后前一个人不承认得到了两只羊(比如说他已经吃了),而向他索回石斧,他可能就会邀请一个德高望众的人来对这个交换行为进行公证,以杜绝可能在以后对自己的不利。同时,对于前一个人来说,有这样一种公证行为,对证明这次交易的

存在是很有好处的,他也乐于接受。

从这个例子可以看到,市场是一个无形的东西,只存在于人们的观念之中,但却是交换得以完成的必不可少的条件,市场的全部作用就在于可以在市场中进行交换,即可以认为市场就是用以承载交换得以完成的载体。市场是组织经济活动的一种方式,它能普遍地促进经济福利。历经交易的过程,通过价格机制的媒体将人与人之间架上技术桥梁和经济关系,市场以一种简约的方式联系起社会上的所有经济载体——"经济人"。但是,要使交换能得以完成,市场的作用能得到发挥,至少应该有以下几个条件是必须具备的:

1. 参加交换的个体必须具有一定的产品来参加交换;
2. 只有当交换双方都对对方的产品感兴趣,或者说刚好对方的产品满足了自己当时的需要,那么这次交换才能取得成功;
3. 交换活动一定是双方进行的,也就是说交换活动的主体是两方,既不多,也不少,但不排除可能有第三方对交换做出规范、监督的可能;

因此,为了能够对市场有一个比较全面的了解,必然应该从以上这三个方面来对市场做进一步的分析。

案例研究 3-1:市场上的经济活动能使每个人的状况更好。市场的存在使物品交换得以实现,因此,人们可以通过市场交换获取各自所需,并集中精力发展自己所能,专业分工也就因为市场不断发展而细化。现有甲乙两人,各自都有两块相同的地,并且只有两种蔬菜 A 和 B 可供种植。在该案中可能发生两种不同的交易即劳力交换和物品交换,以其中的一种方式进行分析。附表 3-1 是甲乙两人种植 AB 两种蔬菜的速度:

附表 3-1

	A 蔬菜	B 蔬菜
甲	8 小时/一块地	6 小时/一块地
乙	5 小时/一块地	7 小时/一块地

那么,劳力交易如何发生呢?甲乙两人经过商谈,达成如下协议:甲除了在自己的一块地上种植 B 蔬菜外帮助乙再种植一块地的 B 蔬菜;乙除了在自己的一块地上种植 A 蔬菜外帮助甲再种植一块地的 A 蔬菜。契约达成后,可以发现:甲的总计劳动时间将有原来的 14 个小时变为 12 个小时;乙的总计劳动时间将原有的 12 个小时变为 10 个小时,两人都提前了 2 个小时完成种植任务。当然,这样的契约的形成是纯理性的,并排除了其他的各种影响因素。下文将

继续分析交易是如何发生的。

(一) 物权的明晰

由上述的例子以及总结可以看出,市场之所以有存在的必要,那是因为有交换的需要,而交换必然是物物之间的交换(在经济的发展过程中,逐步产生了货币作为交换的一般等价物,这在以后还会进行讨论),因此,人们必须拥有物品,也就是说要有东西,才能参加交换,这也是交换存在的前提。

提到交换,将要面对这样一个问题,即要交换的到底是物品的什么?或许有人会说是交换物品的使用性(即物品的有用性),这个说法当然不能说不对,但是从经济学的角度来说,或许认为物品的交换是一种物权的交换更加准确。

物权通俗的定义可以这样认为:物权是一个行为主体被广泛认同的对某种资源进行处置的权利。在此基础上,可以继续展开对于物权的讨论。

首先,一个行为主体的物权必须是被广泛认同的。在原始社会,伦理道德和社会风俗成为界定物权的最高依据,以道德规范物权所属从而确定交易行为的发生。部落的首领,家族的酋长,是行为主体是否对资源拥有权利的最终裁定者,首领和酋长将会根据其部落或家庭的风俗习惯、行为准则等等来进行判定。而到了近代社会,随着经济的发展,私有物权,或者按照现代更为通行的说法,即产权,其权利所属的判定渐渐的就是由法律来进行确定。根据一种契约精神,对物权的所有进行规范,是现代社会的一个文明特征。因此,无论是在原始社会还是在现实社会,都会看到一个人所拥有一种财产或一种资源的物权,是要以其权利被广泛承认为前提的,就比如说一个人如果说他对太阳光拥有物权,那肯定得不到大家的承认,这样的物权实际上也就是毫无意义的了。

其次,物权是与它所对应的资源或者财产紧密联系在一起的,一旦资源或者财产消失,与之相对应的物权也就自然而然的终止了。物权不是空洞的存在的,而是以物质的存在为基本前提条件的。你付钱买了一瓶水后,你就对这瓶水拥有了特权,无论你怎么处置它,喝掉、浇花等等,都是可以的。但一旦你处置完这瓶水,你对它的物权也就丧失了。

第三,物权的所有者有对所有物进行处置的权利。这一条应该是物权的核心概念,一个人拥有某种资源或者财富,其最终目的都是要使用它,或者为了消费掉,或者为了得到更多的资源或财富。在前资本主义社会,人们生产的目的主要是为了能够满足自身的需求，因而对于资源或者财富的拥有，更多的体现在满足个人的消费需求上，此时反映个体对于物权的使用主要表现为能够消费掉这些物品从而使自己获得满足，显然，此时个体对于其资源或财产的处置权是相当重要的。否则，如果一个人不能处置他所收获的庄稼，他就有可能会被自己饿死，显然，这是很荒谬的。而在资本主义社会以后，随着社会分工的不断发展和细化，商品经济渐渐成为了经济生活的主要形式，人们进行生产的主要目的也就从个人消费逐步转变为进行交换，以实现产品的价值。而在这一过程中，个体对于所有物的处置权就显得特别重要，因为只有个体是对所有物具有处置权的，交换才能完成，产品的价值才能实现，商品经济也就才能顺利发展。因而，如果说物权（产权）的明晰是商品经济存在和发展的基石，是并不为过的。

物权的确认建立在道德和法律共同作用的基础上，并成为契约的标的。以契约为基础的交换实质上是物权凭证的一种形式上和实物上的转换。

（二）价格在市场中的作用分析

从上述例子中可以看出，交换得以完成，必须要交换的双方刚好都是需要对方的物品和某种物权凭证，且自己的物品也是刚好为对方所需要。显然，这样的交换是很不方便的，一方面，为了得知何人有自己所需要的东西，需要花一番气力去寻找，另一方面，也要去发现谁会需要自己的东西，这又要费一番精神，这样的交换显然是效率低下的。因此，在长期的交换实践中，人们渐渐的认识到，可以固定某一种东西，所有东西都可以与它来进行交换，同时它也可以与所有东西进行交换，将这种东西称为一般等价物。而交换的过程也由物物交换演变为物品——一般等价物——物品。

在人类社会发展的历史上，有非常多的东西曾经充当过一般等价物。牲畜、毛皮、食盐、贝壳、铜、铁等都充当过一般等价物，但是这些东西用来充当一般等价物的话都有一些弱点，比如牲畜、毛皮等不易分割，进行小额交换不方便，而铜、铁等质量太重，进行大额交换时也相当麻烦。因此，一般等价物就渐渐的由金、银等贵金属来承担。金、银等贵金属具有量小价高，便于分割，方便贮藏等特点，很适合作为一般等价物，并逐步发展为货币。因此，马克思说过："货币天然不是金银，而金银天然就是货币"。

有了一般等价物，或者说有了货币以后，物品交换媒介的问题得到了解决。但还有一个问题没有解决，就是如何决定物品交换之间数量的问题。还是回到上述的例子，一把石斧换二只羊，那么为什么一把石斧不是交换一只羊或者是三只羊,而刚刚好不多不少的交换二只羊呢?显然,这里面就涉及到了物品价值的问题。

物品的价值是由什么决定的?历史上不同的经济学家,经济学派各有不同的解释,在这里不是讨论的主要内容,姑且不用管它。不过,一个物品的价值是以价格的形式表现出来的,这点基本上是得到了一致的认同的。因此,在上述例子中,一把石斧为什么能交换到二只羊,不是一只,也不是三只,其原因就在于一把石斧的价值与二只羊的价值是相等的。而价格作为价值的表现形式,其表现出来的结果必然是一把石斧的价格与二只羊的价格相等。从这个例子,显然可以看出价格在市场中所起的二个主要作用:

第一,价格是市场交换能够得以顺利进行的必要条件。正如刚才所言,物品之间之所以能够成功的实现交换,是因为其内在的价值相等,而内在的价格是看不到,摸不着的,只有通过一个能够真实感知的参照物或者变量,才能将这个看不到,摸不着的价值表现出来,从而便于个体之间进行比较,然后进行交换。价格就是能够承担这一重任的唯一变量。

第二,价格是市场交换能够得以顺利进行的重要保证。当一个物品的价值被价格以数量的形式表现出来以后,人们就会根据"等价交换"的原则,对物品进行比较,从而使交换顺利完成。在这里,价格是人们进行对照比较的一个非常重要的判断标准,可以说,如果没有被价格表现出来的物品,将不可能实现比较和交换。有了价格参照,契约能在一种公平合理的条件下形成,价格参照因此成为契约的重要内容并直接影响交易的最终完成和经济关系的稳定。

根据以上的分析,可以看出,在市场交换顺利进行的过程当中,价格是一个相当重要的变量,没有价格,或者说,没有一个完整的物品价格体系,交换是难以完成的,那么,在市场中,价格究竟是怎么来工作的呢?为什么经常会听到人们说价格是市场经济的关键因素呢?价格究竟是如何来对市场主体各方进行一种无形但又是强有力的调控的呢?下面就来分析这些问题。

(三)供给与需求

要讨论价格,就必须来讨论供给与需求。因为价格之所以存在的全部理由就在于既有叫价者,也有还价者,在这一叫一还的过程当中,价格才会形成。在这里,叫价者可以认为他是资源的供给者,还价者是资源的需求者,供给和需求的同时作用构成了价格,同时,价格的波动又影响供给和需求,因此,可以说价格与供给与需求是相互影响的。

1. 供给

供给可以认为是某一主体在一定时期内，在一定的价格水平上愿意而且能够提供的某种商品的数量。这里应该从三个方面来理解供给。

首先，供给的提供者既可以是生产者，也可以是传统意义上认为的消费者。无疑，生产者提供产品，很容易理解，那么为什么传统意义上的消费者也是供给的提供者呢？这里，可以站在厂商的角度加以考虑。作为一个正常的工厂，如果要开工，至少需要有机器、厂房、设备、劳动力等生产要素。而这里，劳动力的提供者就是传统意义上的消费者，因此，从这个角度来说，他也可以称之为供给的提供者。推而广之，可以认为，存在于经济社会中的一切主体都可以认为是某种产品的提供者，这样，供给的提供者的概念就不再仅仅局限于生产实物产品的厂商了。

第二，供给的讨论是限定在一定时期和一定的价格水平上的。说它是在一定时期，是因为讨论任何经济问题，时间总是一个应该考虑的概念。比如说供给为10个单位，那么这是在一天之内，一月之内，还是一年之内的供给量呢？如果不加以明确的话，以后的讨论将会产生很多的麻烦和不明白之处。说它是在一定价格水平上的，是因为这里所说的供给是一种有效供给，而价格正是判断这是不是一种有效供给的唯一标准。在前面提到了"经济人"的概念，那么这里可以做这样一种极端的假设：如果一辆宝来轿车现在的售价是100元人民币，其结果会是怎么样的？显然，任何一个理性的人一定会疯狂抢购。那么，他能买到吗？答案很明显，就是买不到，因为在这样的价格水平之下，没有一个理性的厂商会选择来作为宝来轿车的供给者的；相反，如果一支普通铅笔的价格是100元，这样的铅笔由于没有人买，从而也不会有厂商生产。因此，供给一定是在一定价格水平上展开讨论的。

第三，供给品的数量是主体能够而且愿意提供的。这里要强调的是能够提供这一点。因为除了价格，还有很多因素会影响到供给品的数量。还是以宝来轿车为例，此时市场对于15万一辆的宝来轿车在一年内的需求是100万辆，一个理性的厂商当然愿意能提供。但由于他的产能有限，只能提供50万辆，因而此时供给品的数量就是50万辆而不是厂商所愿意提供的100万辆。当然，厂商可以通过提高产能的方式来达到供给数量的改变，这在以后的厂商理论中将会有所讨论，但就一定时期来说，显然，"能够提供"这一点就很重要。

2. 供给和价格的关系

经济学讨论的东西永远都是和人们日常生活密切相关的内容，而不是只会做抽象的模型和图表。供给和价格的关系其实质来源于生活，其图表的表示只不过是为了使其更容易表达而已。其关系可以由图3-1来表示：

在这里，横轴代表的是数量，纵轴代表的是价格。数量用大写的英文字母 Q 表示，价格用 P 表示。在今后的讨论中如不做特殊说明，坐标都这样表示。

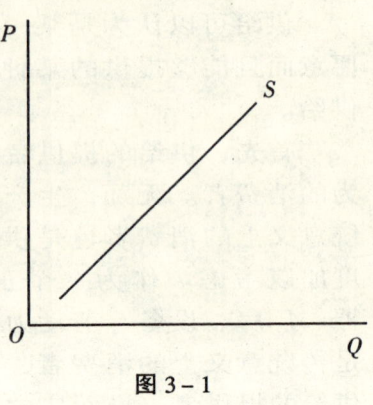

图3-1

从图中可以看到，供给曲线（用 S 表示）是一条从左下向右上倾斜的曲线，也就是说，随着某种商品价格的上升，其供给量是上升的。这就是所谓的供给规律，其完整的表述如下：在影响供给的其他因素既定的情况下，商品的价格与供给量成正相关的变化趋势。即价格越高，供给量越大；价格越低，供给量越小。这里需要注意以下三个方面的问题。

第一，在讨论供给量与价格关系的时候，是在假定其他条件不变的前提下做出的，这也是前面提到过的进行静态经济学讨论和研究的方法。比如当一个物品的价格上升后，如果制造这一物品的生产要素的价格也以相同比例上涨，那么这一物品的供给量将不会上升。而且如果生产要素的价格上涨的更多，那么这一物品的供给量反而会减少。因此其他条件不变是得出供给规律的重要前提假设。

第二，这里要注意区分供给和供给量之间的关系。如图3-2所示，当价格在供给曲线 S 上由 P_0 移动到 P_1 时，供给量也由 Q_0 移动到 Q_1。这样在同一条供给曲线上，由价格的变动而带来的供给量的变动称之为供给量的变动。而当除价格以外的其他条件发生变动，比如说生产要素价格，其他商品价格改变了，这样的所引起的变动在图3-2中就表示为供给曲线由 S 移动到 S'。这样整条供给曲线的移动就称之为供给的变动。一般情况下，供给曲

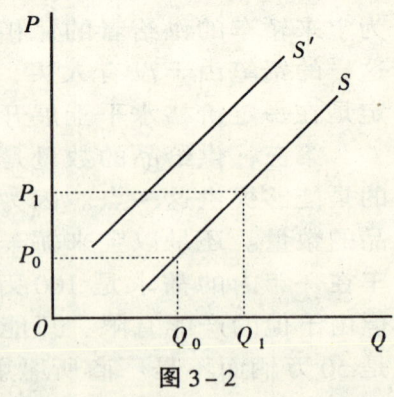

图3-2

线向左平移是供给减少，供给曲线向右平移是供给增加。

第三，影响供给的其他因素。由上面的分析可以看出，价格是影响供给的一个很重要的因素，除此之外，影响供给的因素还有多种，包括生产要素价格，其他商品的价格，技术水平，预期等等。

当一种商品的生产要素价格提高后，在其他条件不变的情况下，厂商的获利将减少，因此，商品的供给将会减少。

相对于某一种商品而言，其他商品可以分为：替代品，互补品和无关品。所谓替代品就是指作用、功能与此种商品发生某种替代关系的商品。比如苹果和梨都可以作为水果食用，在某种意义上就是一种替代品；互补品是指二者要搭配使用方能发挥其功效的商品。比如乒乓球和乒乓球拍，就是一种互补品；而无关品就是一般情况下二者无论在使用还是生产上都不会发生相互关系的物品，比如磁盘和矿泉水。在其他情况不变的条件下，替代品的价格上升，则替代品的需求量就会下降，在总需求不变的情况下，这种商品的供给将会增加；同理，如果互补品的价格上升，这种商品的供给将会减少，而无关品的价格的变动对这种商品的供给将不会产生影响。

技术水平也是决定供给的一个非常重要的因素。福特因为实践了流水线操作和产品的标准化生产，在其他条件没有发生根本性变化的条件下，极大的提高了产能，大幅降低了生产成本，从而扩大了供给。由此可以看出技术，特别是重要的技术进步对于提高供给的重要作用。

预期也是影响供给的一个不可忽视的因素。如果一个厂商预期将来产品的价格将会上升，那么他可能就会削减现在的产量，以期将来获得更多的收益。

因此，可以得到供给曲线变动和各种市场势力之间的关系表，见表 3-1

表 3-1

影响供给量的变量	变量的变动在供给曲线中表现为：
价　　格	沿着供给曲线的变动
投入价格	供给曲线发生位移
技　　术	供给曲线发生位移
预　　期	供给曲线发生位移
卖者数量	供给曲线发生位移

案例研究 3-2：假设政府在既定价格条件下，对香烟生产厂商强制征收额外税收，该行业的供给将发生如何的变化呢？众所周知，价格既定的条件下，政府强制征收额外税收使得香烟厂商的实际利润发生了变化。表现在实际价格上，实质上是香烟供给价格的隐性下降。在价格下降的情况下，作为理性的"经济人"，香烟厂商实际香烟供给的意愿将发生变化，表现在供给量上是相对减少。附图 3-1：

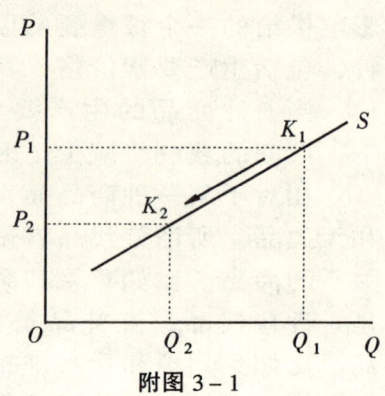

附图 3-1

由附图 3-1 可以看到，当政府强制征收额外税收时，实际价格由 P_1 变为 P_2，香烟实际供给量由 Q_1 变为 Q_2。实质上，$P_1 - P_2$ 就是额外税收的实际量。

3. 需求和价格的关系

需求量是指买者愿意购买并且能够购买的物品量。

需求和价格的关系可以用图 3-3 来表示

图中用 D 来表示需求曲线，这是一条从左上向右下倾斜的曲线，也就是说，随着商品价格的上升，其需求量是下降的。这就是所谓的需求规律，其完整的表述如下：在影响需求的其他因素既定的情况下，商品的价格与需求量存在着相反的变动关系，即价格上升，需求量减少，价格下降，需求量增加。这里需要注意以下四个方面的问题。

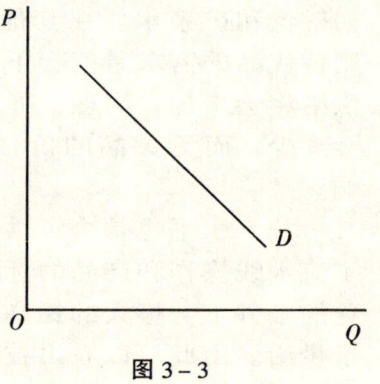

图 3-3

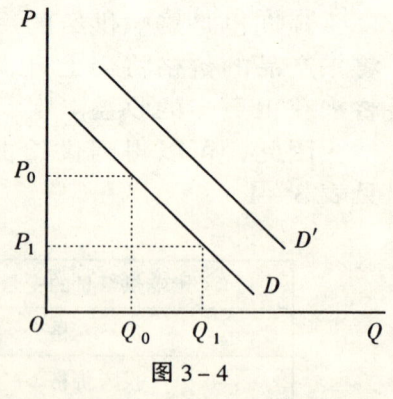

图 3-4

第一，与讨论供给量和价格关系的时候一样，这里的讨论也是在假定其他条件不变的前提下做出的，因此其他条件不变也是得出需求规律的重要前提假设。

第二，这里要注意区分需求和需求量之间的关系。如图 3-4 所示，当价格在供给曲线 D 上由 P_0 移动到 P_1 时，需求量也由 Q_0 移动到 Q_1。这样在同一条需求曲线上，由价格的变动而带来的需求量的变动称之为需求量的变动。而当除价格以外的其他条件发生变动,比如说个人收入,其他商品价格改变了,这样所引起的变动在图 3-4 中就表示为需求曲线由 D 移动到 D'。这样整条需求曲线的移动就称之为需求的变动。一般情况下,需求曲线向左平移是需求减少,需求曲线向右平移是需求增加。

第三、影响需求的其他因素。由上面的分析可以看出,价格是影响需求的一个很重要的因素,除此之外,影响需求的因素还有多种,包括个人收支,其他商品的价格,个人偏好,预期等等。

当一个人的收支提高以后,在其他条件不变的情况下,他对商品的需求将会增加,因此,个人收入的提高将会引起需求的增加,带来需求曲线的向右平移。

与分析供给和价格的关系时一样,分析需求和价格的关系时,也涉及替代品、互补品和无关品的概念。在其他情况不变的条件下,替代品的价格上升,则替代品的需求量就会下降,在总需求不变的情况下,这种商品的需求将会增加;同理,如果互补品的价格上升,这种商品的需求将会减少,而无关品的价格的变动对这种商品的需求将不会产生影响。

个人偏好是一种心理上的要求和喜好,基本上是属于个人主观的范畴,因而不容易做到准确的定量分析。一般来说,当人们都对某种商品的偏好发生改变时,这种商品的需求也会发生变化,偏好变强,则商品的需求增加,偏好变弱,则商品的需求减少。

预期也是影响需求的一个不可忽视的因素。这里的预期要讨论二个方面。如果个人预期自己未来的收入升高,他将对生活更有信心,则当期的支出增加,必然带来需求的上升;如果个人预期某种商品未来的价格发生变化,同样也会引起需求的变化,预期价格上涨,则当期需求增加,预期价格下降,则当期需求减少。

因此,可以得到需求曲线变动和各种市场势力之间的关系表,见表 3-2

表 3-2

影响需求的变量	变量的变动在需求曲线中表现为:
价　　格	沿着需求曲线的变动
收　　入	需求曲线发生位移
个人偏好	需求曲线发生位移
预　　期	需求曲线发生位移
相关物品的价格	需求曲线发生位移
买者数量	需求曲线发生位移

第四，以上讨论的都是向下倾斜的正常商品的需求曲线的情况。但还有一种商品，当价格上升的时候，其需求量不是下降，反而还会上升，这种商品被叫做"吉芬商品"（Giffen Goods）[①]。

案例研究 3-3：继续以香烟的例子分析。当前世界上，戒烟已经成为主题。政府也通过各种手段进行对吸烟的管制。减少吸烟的途径有很多，归结起来有两种是直接影响对香烟需求量。其一是使香烟或其他烟草产品的需求曲线移动。公益广告、香烟盒上的健康警示、禁止香烟厂商在大众媒体做广告等等。其二是政府提高香烟价格，使得需求量沿着需求曲线移动（这一点与案例研究 3-2 相似，故不详细分析）。现以途径一进行分析，见附图 3-2：

由附图 3-2 可以看到，当途径一付出实施以后，即便香烟的价格保持不变，但是需求量仍然发生了变化。需求曲线发生了平移，由曲线 D_1 移动到 D_2。

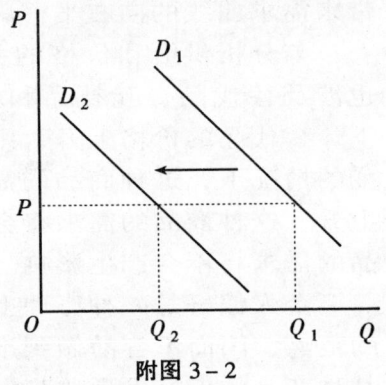

附图 3-2

由此，可以得出以下的结论：

1. 需求曲线向左平移时，市场需求减少；反之，增加。
2. 供给曲线向左平移时，市场供给减少；反之，增加。

案例研究 3-4：在短期内，当社会的其他条件保持不变，而人们的收入增加了一倍。在这种情况下，结婚的需求会发生如何的变化？收入的增加，而物价保持不变的情况下，结婚所需品保持在原有的价格水平上，由于人们存在对未来的预期，并且收入增加以后，长期来看，物价水平将会提高，故而结婚的费用在人们的预期中将呈现出上涨的趋势。于是，在短期内，结婚的需求将会增加。见附图 3-3：

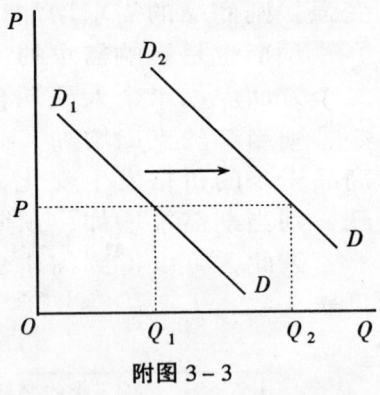

附图 3-3

由附图 3-3 可以看到，当在短期内，结婚费用保持不变的时

[①] 吉芬商品是以 19 世纪英国的经济学家吉芬（Robert Giffen）的名字命名的。吉芬发现，当时土豆的价格上升，但是土豆的需求量却在增加。土豆的需求量与价格同方向变化。吉芬商品是惟一不遵从需求规律的特殊商品。

候，人们收入的增加引起了需求曲线的平移，由曲线 D_1 移动到 D_2。需求量从 Q_1 增加到 Q_2。

（四）弹性

以上讨论了供给、需求以及他们各自与价格的关系如何。但是，在讨论中只是从定性角度说明了价格与供给和需求各自的关系，即价格变动后，供给与需求是怎么变动的，而没有从定量的角度来加以讨论，也就是说，没有讨论当价格变动一定的程度后，供给和需求变动的数量是多少，以及变动数量的多少有何实际指导意义等等。因此，在这里就引入弹性这一概念来说明这一问题。

弹性的概念：在经济关系存在函数关系时，自变量发生一定的改变量时，应变量也发生一定的改变量，两者如果用百分比来度量，就是应变量对自变量的弹性。也是就说当自变量变化1个百分点时，因变量要变化几个百分点。可以用弹性系数 E 表示。

$E=$ 应变量的变化百分比/自变量的变化百分比

从弹性的概念中可以看出，弹性是一个相对概念。因而，在这里，可以根据自变量和应变量的不同，将弹性做一个大致的划分。

当应变量为需求时，可以将弹性分为需求的价格弹性和需求的收入弹性；当应变量为供给时，可以将弹性分为供给的价格弹性。

当自变量为价格时，可以将弹性分为需求的价格弹性和供给的价格弹性；当自变量为收入时，可以将弹性分为需求的收入弹性。

其实从以上的划分可以大致看出，一般讨论的弹性就是需求的价格弹性，需求的收入弹性及供给的价格弹性三种，至于怎么划分，则可以根据在讨论实际问题时的需要来定。

1. 需求的价格弹性

根据定义可以知道，所谓需求的价格弹性，就是当价格每变化1%时，商品的需求量变化多少。或者说的更通俗一些就是，当一样商品的价格涨了（跌了）一元钱，在其他条件不变的情况下，人们对于这处商品的需求量会下降（增加）多少。为了便于说明问题，先看下面的二幅图：

图3-5表示的是商品大米的需求量和价格之间的关系，当价格为40的时候，大米的需求量为50，当由于某种原因，大米的价格降为了20，其需求量上升为了70，根据前面弹性的定义，可以很容易的计算出此时大米的需求价格弹性：

$$E_d = (\Delta Q/Q)/(\Delta P/P) = [(50-70)/50]/[(40-20)/40] = -0.8$$

这里需要说明的是，在正常情况下，商品价格的上升会引起需

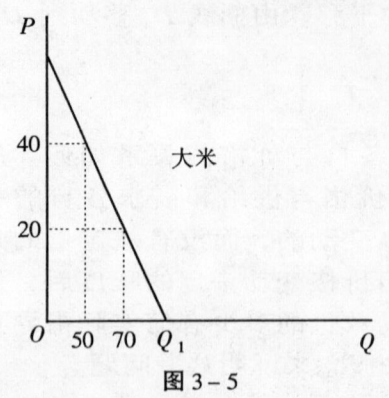
图 3-5

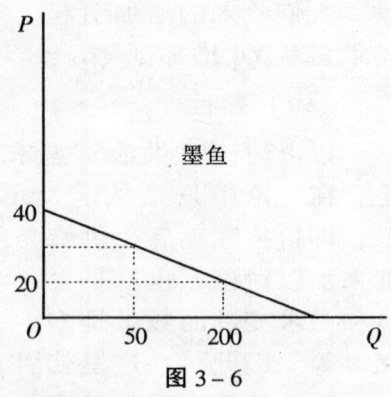
图 3-6

求量的减少,而商品价格的下降会引起需求量的增加,这在前面已经做过讨论。因此,在计算商品的需求价格弹性时,其结果总是带有一个负号,以表明在价格的变化是与需求量呈反方向的。

图 3-6 表示的是商品墨鱼的需求量和价格之间的关系,当价格为 40 的时候,墨鱼的需求量为 50,当由于某种原因,墨鱼的价格降为了 20,其需求量上升为了 200,根据前面弹性的定义,可以很容易的计算出此时墨鱼的需求价格弹性:

$$E_d = (\Delta Q/Q)/(\Delta P/P) = [(50-200)/50]/[(40-20)/40] = -6$$

从这里可以看出,都是价格下降,而且下降的幅度是一样的,但是由于不同的商品拥有不同的需求价格弹性,因此,它所引起的需求量的变化也是不一样的。大米的需求价格弹性为 -0.8,因此,当价格下降 20 时,其商品的需求量上升 20;而墨鱼的需求价格弹性为 -6,因此,当价格下降 20 时,其商品的需求量上升 150。在这里,就可以得出这样一个结论,即商品需求价格弹性的绝对值越小,其价格变动对需求量变动的影响力就越小,在极端情况下,当商品的需求价格弹性为零时(此时的需求曲线是一条与横轴垂直的曲线),价格的任何变动都不会引起商品需求量的变动,此时商品的需求量对于价格是完全不敏感的。而商品需求价格弹性的绝对值越大,其价格变动对需求量变动的影响力就越大,在极端情况下,当商品的需求价格弹性为无限大时(此时的需求曲线是一条与横轴水平的曲线),价格的任何微小变动都会引起商品需求量的无限变化,此时商品的需求量对于价格是完全敏感的。

在这里,可以对需求的价格弹性做如下划分:

$|E_d| < 1$ 称为缺乏弹性,也就是说价格每变动 1%,需求量的变化量少于 1%。在日常生活中,一些必要的日用生活品,比如大米、

盐等等可以认为是缺乏弹性的商品。因为无论多贵，总要消费，而无论多便宜，也不会大幅度的加大使用。

$|E_d|>1$ 称为富有弹性，也就是说价格每变动 1%，需求量的变化量大于 1%。在日常生活中，一些奢侈品，比如汽车等可以认为是富有弹性的商品。当一辆宝马轿车只要 2 万元的时候，我想我也会去买一辆，但当一辆夏利车买到 10 万元时，可能就很少会有人去光顾了。

$|E_d|=1$ 称为具有单元弹性，也就是说价格每变动 1%，需求量的变化量也是 1%。

下面来说说影响商品需求价格弹性的因素。

1.1 商品的必需程度。如果某种商品是日常生活所必需的，那么需求弹性就比较小。如盐、大米、燃料。即使价格上涨幅度很大，需求量也不会有大的变化。而那些非生活必需品的弹性就比较大。

1.2 商品的可替代性。某种商品的替代品越多，替代性越强，该商品的需求弹性就越大，比如说，可口可乐的需求弹性应该是比较大的，因为如果可口可乐涨价，人们就会转而饮用百事可乐或者其他软饮料。

1.3 在总开支中的比重。如果一种商品在消费者总开支中只占很小的份额，那么消费者对该商品的价格变化不会很敏感，因此需求弹性较小。如果该商品是一项较大开支，那么价格变化后，消费者会对其需求重新慎重考虑，因而弹性较大。

1.4 商品类别的大小。需求弹性的大小，与考察对象类别的大小很有关系。如果考察的是某一大类商品，如饮料，食品，那么，它们的替代品很少，需求弹性也很小。而如果考察的是大类商品中的某一种，如"娃哈哈"和"康师傅"，那么它们的需求弹性会很大，因为别的品牌的饮料和食品是很好的替代品。

1.5 时间的长短。时间能改变许多东西，需求弹性也会随着时间的延长而变大。因为时间越长，消费者越容易找到替代品或调整自己的消费习惯。

2. 需求的收入弹性

在计算和划分上，需求的收入弹性非常类似于需求的价格弹性，唯一的区别只在于弹性的自变量由商品的价格变为了消费者的收入。其表达示如下：

$E_i = (\Delta Q/Q)/(\Delta I/I)$

下面说说需求收入弹性的分类。

2.1 $E_i > 1$ 即收入增加1%而需求量增加超过1%，称之为奢侈品，如时装、旅游等。

2.2 $0 < E_i < 1$ 即需求量增加幅度不超过收入增加幅度的商品，称之为必须品，如粮食、盐等。

2.3 $E_i < 0$ 即收入上升但需求量反而下降的商品，这类商品比较特殊，称之为劣质商品。不过劣质商品不一定是质量低劣的商品，主要是指一些消费层次很低的商品。人们收入增加后，转向中高档商品的消费，对这类商品的需求量反而下降了，如杂粮、粗布。

3. 供给的价格弹性

供给的价格弹性与需求的价格弹性完全是对称的。其表达式为：

$$E_s = (\Delta Q_s / Q_s) / (\Delta P / P)$$

这里供给的价格弹性与需求的价格弹性的不同点在于：当价格上升的时候，商品的需求量是减少的，而供给量却是上升的，因为，商品的需求价格弹性为负，而供给价格弹性为正。而且供给的价格弹性分类与需求的价格弹性分类也大体一致。

$E_s = 0$，表明供给完全无弹性，此时的供给与价格完全没有关系。在现实生活中，这样的例子并不多，古董可以算一个比例好的例子，《蒙娜丽莎》的画像全世界就此一幅，无论你愿意出多少钱，都不可能买到第二幅真迹，因此此时就说供给完全不受价格的影响。是如图3-7所示的一条垂直的供给曲线。

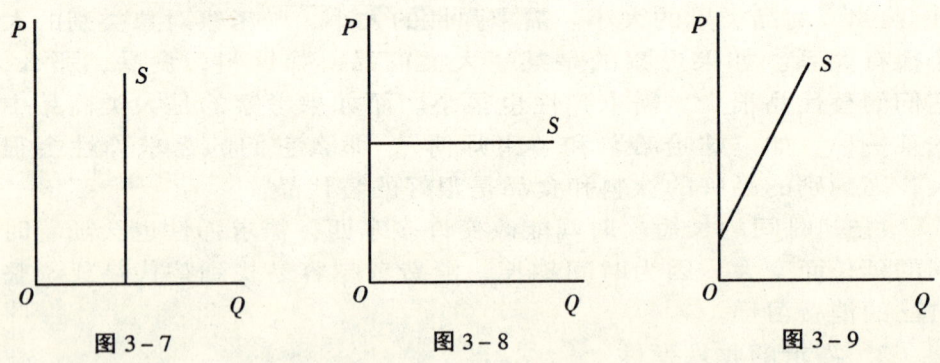

图3-7　　　　　图3-8　　　　　图3-9

E_s 无限大，表明供给完全有弹性，此时价格任何微小的变化都会引起供给量无限的变化。处于大萧条时期，工厂的产量严重过剩，此时可以近似的认为供给的价格弹性无限大。如图3-8所示的一条水平的供给曲线。

$E_s < 1$，表明供给缺乏弹性，此时价格的上升并不能引起产量大

幅度的上涨。在现实情况中，可能是经济体已接近于充分就业的情况，或者产品的供给受制于某种要素，难于做出大量的变动。如图3-9所示，是一条比较陡峭的供给曲线。

$E_s > 1$，表明供给富有弹性，此时价格的微小上升就能引起产量比较大幅度的增加。在现实情况中，当有较多的闲置资源时就比较容易出现这种情况。如图3-10所示，是一条比较平缓的供给曲线。

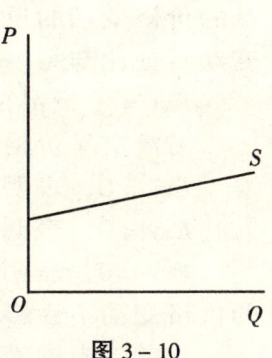

图3-10

供给价格弹性的大小，主要取决于以下因素（大家也可以对照一下影响需求价格弹性大小的因素，看看异同之处）

第一，进入和退出的难易程度。如果某一行业进入和退出壁垒很少，厂商可灵活根据价格和需求情况进入或退出该行业，则该产品的供给弹性较大，反之则相反。

第二，供给者类别的大小。如果考察的是单个生产者的供给弹性，那么一个人扩大产量的能力是有限的，供给弹性较小。如果考察的是一个行业的供给弹性，则要大的多，因为价格上涨后，不仅已有厂商增加产量，而且新厂商可以进入该行业。

第三，时间的长短。可以说，这是供给弹性大小的最主要因素。在极短时期内，供给量限于已有库存，无法随价格变化而变化，弹性近乎为零；在短期内，厂商能在固定资产（如厂房、机器）不变的情况下增加流动性投入（如原料、辅料和劳动力等）来扩大产量，因而弹性增大；在长期内，现有厂商可彻底调整生产规模（包括新建工厂），新厂商也可以进入该行业，故供给弹性变得非常大。

第四，产量的大小。从某一行业来说，在产量很小的时候，要扩大产量是很容易的，供给接近完全富于弹性；产量增加到一定程度后，生产该商品中的生产要素的稀缺性开始显露出来，要进一步增加这些要素的投入（如懂行的工程师、熟练技工、特殊的原料）难度加大，成本上升，从而供给弹性变小；当产量达到一定极限，所有相关要素都已耗竭，要进一步增加产量几乎不可能了，而不管价格如何上涨，此后，供给弹性近乎为零。

4. 需求交叉价格弹性

以上的弹性都是针对一种商品而言，但现实生活中还有这样的情况会发生。当猪肉的价格因某种原因而大幅度上涨时，人们可能就不吃猪肉，而改吃鸡肉或牛肉，鸡肉和牛肉的需求量就会上升。

因而，一种商品价格的变化可能会引起另一种商品需求量的变化，因此就引入了需求交叉弹性的概念。

需求交叉弹性的定义如下：是指一种商品的需求量对另一种商品的价格变动的反映程度。其弹性系数表现为一种商品的需求量的变动百分比与另一种商品的价格变动的百分比之比。

$Exy = X$ 商品的需求量变动百分比/Y 商品的价格变动百分比

需求交叉价格弹性的分类如下：

$Exy > 0$，表明 X、Y 两种商品是替代品，值越大，替代性越强；

$Exy < 0$，表明 X、Y 两种商品是互补品，值越小，互补性越强；

$Exy = 0$，表明 X、Y 两种商品没有什么关系，也就是说 X 商品的价格变动不会影响到 Y 商品的需求量。

思考：中国有一句老话，叫做"谷贱伤农"。可也知道有句俗语叫"薄利多销"。那么，到底这两句话那句错了呢？如果都没有错，那为什么会有相互之间的矛盾呢？在学习了弹性的概念和相关理论之后，大家是否可以找到答案？

案例研究 3-5：假设公务乘客和度假乘客对从纽约到波士顿之间民航机票的需求如附表 3-2 所示：

附表 3-2

价格（美元）	需求量（公务乘客）	需求量（度假乘客）
150	2100	1000
200	2000	800
250	1900	600
300	1800	400

现假定民航公司将价格由 200 美元提高到 250 美元时，对公务乘客和度假乘客的票价收益将发生怎样的变化。首先，以中值法取得两种需求的需求价格弹性：A 是公务乘客的需求价格弹性 $= |[(1900-2000)/1950]/[(250-200)/225]| = 0.23$；$B$ 是度假乘客的需求价格弹性 $= |[(600-800)/700]/[(250-200)/225]| = 1.29$。弹性之所以出现了区别，是由于对于公务人员来说，时间成本较高，飞机是最快的交通工具，为了节省时间，即使机票价格上升，他们的最佳选择还可能是飞机，所以机票需求价格弹性小；度假乘客则不同，他们是为外出旅游，时间成本比较低。如果机票价格升高，为了节省度假成本，他们可以选择其他交通工具，因此，他们的需求价格弹性大。在看附图 3-4 和附图 3-5：

由附图 3-4 和附图 3-5 可知，进行提价以后民航公司损失了

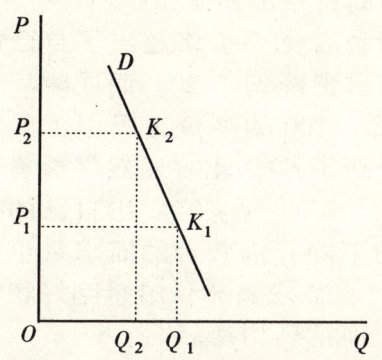
附图3-4 公务乘客机票需求曲线图

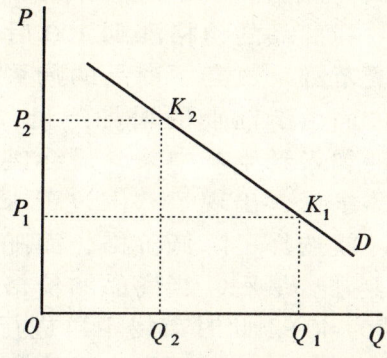
附图3-5 度假乘客机票需求曲线图

面积为 $Q_2Q_1K_1K$ 的票价收入，但却增加了面积为 $P_1KK_2P_1$ 的票价收入。经过计算，可以知道：A，对公务乘客提高价格，票价收入差 $= 250 \times 1900 - 200 \times 2000 = 7500$ 美元；B，对度假乘客提高价格，票价收入差 $= 250 \times 600 - 200 \times 800 = -100$。由此，可以得出结论，提价尽管使民航公司的总收入有所增加，但是，使得度假乘客的收益变成负增长。因此，提价未必对任何产品都能产生收益的，然而，在其他条件保持不变的情况下，需求价格弹性越小，提价对厂商的收益帮助越大。反之，通过此例，也可以使用同样的方法得出在哪种情况下"薄利多销"能带来更多的收益，哪种情况下"薄利多销"不仅不能给厂商带来收益的正增长，而是带来损失。

（五）市场的均衡

以上分别讨论了价格对于需求与供给两方面的影响，但是在一个市场当中，是同时存在供给和需求双方的，缺少任何一方，市场将不复存在。因此，在这里，将把市场中三个最重要的因素：价格、供给和需求放到一起来进行讨论，看看市场是怎样达到均衡的。

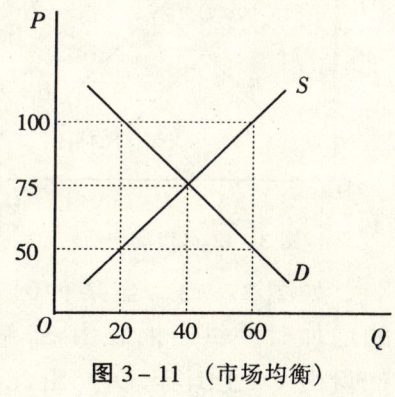
图3-11 （市场均衡）

如图3-11，假设此时的商品价格为50，在这样的价格下，人们的需求量为60，而厂商的供给量为40，显然，厂商的供给量小于消费者的需求量，也就是出现了所说的"供不应求"的状况。那么接下来会发生什么呢？

由于供不应求，消费者为了得到自己想要的商品，就愿意付出更高的价钱，同时，由于购买的人员众多，厂商一方面会提高产量，同时，他也会提高价格，毕竟消费者是愿意付比50更高的价钱来买商品的。由于这些原因,最后商品的价格涨到了100。

在商品的价格涨到100后,一些消费者觉得价格超出了自己的承受范围,放弃了商品的购买,最终需求量降到了20。而同时厂商一方面由于前期的增加产量,另一方面,100的高价也吸引了其他厂商加入到生产中来,最终供给量上升到了60,此时显然供给量大于需求量,出现了"供过于求"的局面。厂商为了能卖出自己的产品,就选择了降低价格,而随着价格的下降,消费者的需求量也趋于上升。最后,当商品的价格处于75时,需求量和供给量刚好相等(同为40),此时市场不再进行调整,从而达到均衡。

在这里,说使需求量恰好等于供给量的价格叫做均衡价格,在均衡价格下决定的产量称之为均衡产量。

下面,再讨论一下需求和供给的变动对市场均衡的影响

如图3-12,当某种因素(比如收入的提高)引起需求的增加时,需求曲线由 D_0 移动到 D_1,此时,价格由 P_0 上升到 P_1,产量由 Q_0 上升到 Q_1。由此可以看出,需求的变化,将会引起价格和产量的同方向变化。也就是说,需求增加(减少),则价格和产量也会增加(减少)。

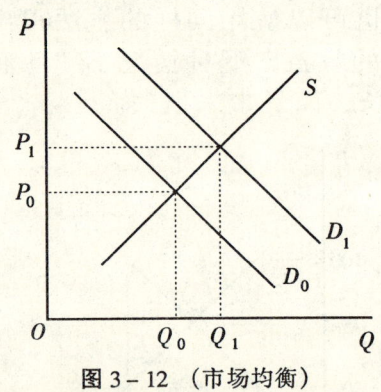

图3-12 (市场均衡)

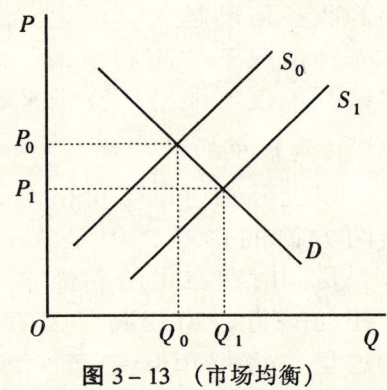

图3-13 (市场均衡)

如图3-13,当某种因素(比如劳动生产率的提高)引起供给的增加时,供给曲线由 S_0 移动到 S_1,此时,价格由 P_0 下降至 P_1,产量由 Q_0 上升至 Q_1。由此可以看出,供给的变化,将会引起产量的同方向变化,以及价格反方向的变化。也就是说,供给增加(减少),则产量会增加(减少),而价格会减少(增加)。

案例研究3-6:假定其他条件不变,当生产汽车的投入价格降低,那么汽车市场的市场均衡将发生怎样的变化。首先,可以肯定的是生产汽车的投入价格降低后,厂商的供给意愿将上升,那么供给曲线会因此发生变化,从而原有的市场均衡被曲线移动打破,并

形成新的均衡和均衡价格。见附图3-6和附图3-7：

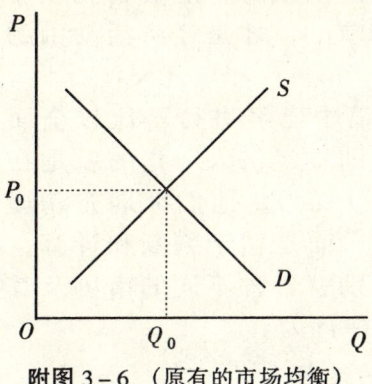
附图3-6（原有的市场均衡）

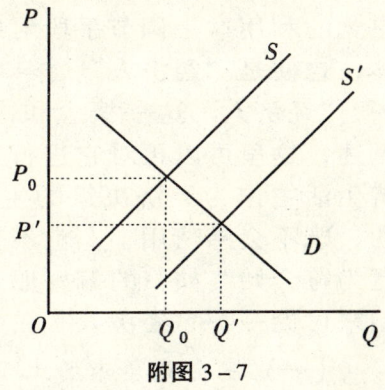
附图3-7

案例研究3-7：继续沿用案例研究3-6的假定条件，但是，此时人们的对汽车的消费偏好发生了改变引起了对汽车需求的增加。那么这种情况下汽车市场的均衡将发生怎样的变化。见附图3-8和附图3-9：

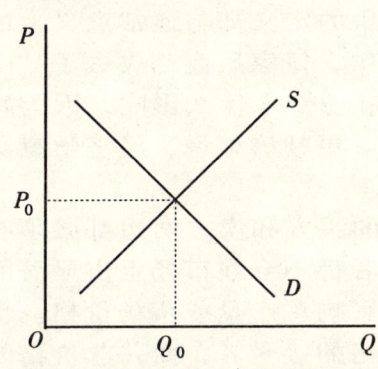
附图3-8（原有的市场均衡）

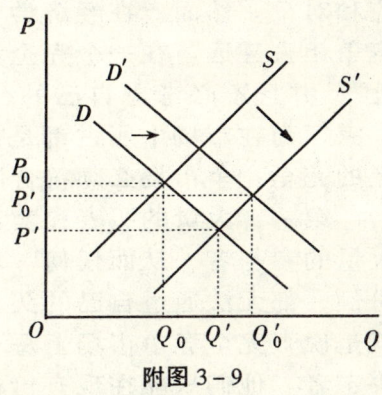
附图3-9

由此可以知道，当需求和供给同时发生变化的时候，新的市场均衡将发生变化。其研究或者探讨的方法是：首先假定需求（供给）一方不发生变化，先进行供给（需求）曲线的进行移动；其次，在反其道重复刚才的过程，新的市场均衡图就可以明白地呈现在面前了。

二、"经济人"在市场中的选择行为

在上面的一章中，对市场是一个什么东西以及市场在经济中的作用做了一个比较简单的分析。通过这一分析，基本上对于市场在进行经济活动中所起的作用有了一个比较初步的认识。在分析的过程当中，可以发现，市场实际上只是一个进行经济活动的场所，它所提供的，仅仅是经济活动发生的一个平台，是对经济活动进行调节的一种手段。而在这个平台上从事经济活动的，能够自觉或者不自觉的利用这一调节手段对经济进行调节的，才是经济活动中的主体，这便是"经济人"。

"经济人"这一概念和内容在第一篇中已经进行了比较全面的阐述，这里可以再对它进行一个概括，即"经济人"指的就是在经济生活中作为经济决策的主体（居民、厂商），他们都是充满理智的，既不会感情用事，也不会轻信盲从，而是精于判断和计算，其行为符合始终如一的偏好原则。下面分别就各种不同的市场及其类型来讨论一下"经济人"在市场中的选择行为。

（一）完全竞争市场上"经济人"的选择行为

这里提到了一个比较新的概念，既完全竞争市场，那么什么是完全竞争市场呢？

在一般人心目中，竞争总让人想起商场上你死我活的斗争，每家公司做出决策时，都要考虑自己的行动会如何引起竞争对手的反应和对策。然而，在经济学中，完全竞争的定义却与通常意义上的竞争相去甚远。在一个完全竞争的市场中，每家厂商都失去了"个性"，并且不必考虑自己的行动对整个市场带来什么影响，因为每一家厂商在市场中所占都是微不足道的。更精确地说，经济学意义上的完全竞争市场必须符合以下四个条件：

第一，大量的买者和卖者。在市场的买方和卖方两边都必须有大量的参与者，从而任何一名买者或卖者都不会在市场上占显著的份额，都无法通过自己的买、卖行为来影响总产量或市场价格。也就是说，完全竞争市场上每个人都是价格的接受者，而并非价格的决定者。他们只能在现有价格上进行买或卖，并且在这一价格上想买（卖）多少产品都可以。事实上，完全竞争并不一定要求数目庞大的厂商队伍，只要厂商数目较多，且行为相互独立，价格接收者的假设是基本成立的。

第二，资源完全自由流动。当外部条件（如产品价格）发生变化时，产业发生相应的调整往往会带来部分资源自由进入或退出该行业。当行业扩张时，新的劳动力、土地、能源、资金等会流入该行业；而当行业收缩时，原行业内的部分资源又会流出该行业另觅出路。一个完全竞争的市场就要求资源进入或退出该行业时没有人为和自然的壁垒。人为的壁垒包括政府要求的进入某一行业的执照或特许、某种产品或生产工艺的专利或技术诀窍以及劳工工会等；自然壁垒则包括行业的规模、经济因素及自然条件等。

第三，同质产品。在完全竞争市场上，所有厂商都生产同一种标准化产品，在消费者眼中，购买不管哪家厂商的产品都是没有差异的。所以，整个行业的总产量等于单个厂商产品量的相加。产品的同质性是市场统一价格的前提。如果甲生产的面粉与乙生产的面粉被认为是完全同质、充分可替代的，那么甲不可能定价比乙高，否则他会一袋面粉也卖不出去。

第四，生产者和消费者都拥有充分信息。在完全竞争市场上，所有与该产品有关的信息都是完全公开的，生产者和消费者可据此做出正确的决策。对生产者和消费者而言，不可能获得超过市场风险的超额收益。即所有的市场信息都是双方可得的，而且市场上的产品的价格反映了所有的市场信息，因此交易双方使用现有的信息不可能获得与风险相对的超额利润。

上面四个假设看上去是十分苛刻严格的，可能没有一个行业完全满足这些条件（可能只有一些标准化产品市场，如初级产品、农产品比较接近完全竞争），但完全竞争模型仍不失为讨论"经济人"个体在市场中行为理论的最关键部分。即使许多现实情况多多少少偏离了完全竞争的假设前提，但对完全竞争模型的有效解释性和预测性并没有太大的影响，甚至对一些显然偏离完全竞争假设的市场，也有可能用完全竞争理论的扩展和延伸模型来分析。

以上对完全竞争市场做了一个大致的描述，在以后的讨论中，如果没有做出说明，那么都认为是在完全竞争市场上做出的。

1. 商品市场上的"经济人"行为分析

通常来说，所谓的商品市场也叫产品市场，是指产品的生产和销售市场，一般来说在生产市场上，讨论的就是厂商如何取得利润最大化，而在销售市场上，这里讨论的是消费者如何得到效用的最大化。

生产市场上厂商的行为分析

根据前面"经济人"的定义，厂商在市场行为中也是作为一个"经济人"而存在的，既然是一个"经济人"，那么追求其利益最大化就是其经营的目标。利益是一个比较宽泛的概念。利益的最大化在通常的时候并不是赚钱最多的行为选择，在进行选择的时候，往往还要考虑社会的反映、道德的影响以及舆论的压力等等，因此，利益最大化很难有一个定量的分析方法。因此，在进行的分析过程中，将利润最大化作为厂商——这个"经济人"的行为准则，以此为起点来进行分析。

在进行厂商的行为分析之前，要先明确以下几个概念，即会计成本、经济成本、机会成本、长期和短期。

会计成本：所谓的会计成本是指在生产中的花费，并作为成本项目记入账薄费用的总和。通俗地说，就是平常所说的，能在公司的财务报表中所反映的成本。也把它称之为显成本。

机会成本：前面已经说过，资源具有稀缺性，当它作为某一项用途时，它便不能再用来进行其他的活动。此时，对于这一资源来说，放弃掉的其他用途将会产生损失，而这一损失正是这一资源在当前用途上使用的机会成本。因此，机会成本的定义可以说是：稀缺资源用作某项选择所放弃的其他项选择而牺牲的最大收益。

经济成本：在经济生活中，并不是只有反映在财务报表中的成本才是实实际际所支付的成本。比如你开个小店，那么你的才能是不反映在成本中的，但如果你替他人打工，则你的才能是可以获得报酬的；你把自己的钱投入到了经营当中时，你并不支付报酬，但如果你存在银行，是可以获得利息的，而这应得的利息同样不反映在你的成本中。因此，一个企业真正的成本应该是财务报表中所反映的成本与你自己所拥有的资源可能获得的利润之和，也就是说经济成本应该是会计成本与机会成本之和。

长期和短期：这里的长期和短期与通常观念中的长期和短期并不一致。这里的长期和短期并不是按照时间的长短来进行划分的，而是以企业的生产规模的变化来划分的。

对于一个企业来说，所谓的长期是指时间长到可以使企业调整生产规模来达到调整产品产量的目的。而所谓的短期是指时间短到企业只能通过调整一些可变的生产要素（如劳动力等）来调整产品产量，而不能通过调整整个企业规模来达到调整产量的目的。

案例研究3-8：著名的球星乔丹是应该花一个小时的时间去修剪自己的草坪还是雇请一个草坪修剪工，价格为40美金/块草坪。乔丹是一位优秀的NBA球员，他能跳得比大多数人高，投篮也比其他大多数人准。在生活上的方方面面都出类拔萃。例如，乔丹在修剪草坪方面也比大多数人快。请看附表3-3：

附表3-3

		放弃修剪草坪而从事其他工作的所得
乔丹	1小时/1块草坪	因拍广告而获得1万美元的收入
草坪修剪工	2小时/1块草坪	从事兼职工作而获得20美元的收入

从附表3-3可以看到乔丹修剪草坪的机会成本是1万美元的广

告收入，而草坪修剪工人的机会成本是 20 美元。相比较之下，乔丹拍广告的机会成本是 40 美元请草坪修剪工人，而草坪修剪工从事兼职工作的机会成本是 40 美元的收入。其实，简单地就可以看出交易使乔丹和草坪修剪工都获得了最大的收益。尽管在修剪草坪方面，乔丹的效率远远高于草坪修剪工，但是机会成本过高；草坪修剪工的效率不是很高，但是机会成本小于收益。因此，交易就此发生了。乔丹放弃修剪草坪而请草坪修剪工，同时，草坪修剪工放弃兼职而为乔丹提供服务。

实质上，上述的案例虽然简单，但是却说明了国家间交易发生的可能性问题。在此，简单介绍两个概念，即"绝对优势"和"比较优势"。绝对优势是指根据生产率比较一种物品的生产者。也就是说生产者生产一种物品所需要的投入量较少，就可以说该生产者在生产这种物品中有绝对优势。这是古典经济学中，解释国际贸易发生原因的重要理论之一。比较优势是指根据机会成本比较一种物品的生产者，也可以说生产一种物品机会成本较少的生产者在生产这种物品中有比较优势。值得注意的是，同一个人不可能在生产两种物品中都有比较优势，因为一种物品的机会成本是另一种物品机会成本的倒数。这也是古典经济学中，解释国际贸易发生原因的重要理论之一。

短期生产函数

$Q = f(L, K)$，在这里 Q 代表的是产量；L 代表的是劳动力的投入量；K 代表的是资本的投入量。在今后这三个字母的含义将一直如此。

为了简单起见，在进行生产函数（包括短期和长期）的分析时，只对劳动力和资本这两个变量进行讨论。在短期中，由于企业规模不变，则可以认为资本是不变的，而只有劳动力是可变因素。

生产要素报酬递减规律：在一定的技术条件下，若其他生产要素投入量不变，连续地增加某种生产要素的投入量，在总产量达到某一点之后，总产量的增加会递减，即产出增加的比例要小于投入增加的比例，亦称之为边际收益递减规律。

出现边际收益递减规律的主要原因是，随着可变要素投入的不断增加，不变投入和可变投入的组合比例变得愈来愈不合理。当可变投入较少的时候，不变投入显得相对较多，此时增加可变投入可以使要素组合比例趋向合理从而提高产量的增量；而当可变投入与不变投入的组合达到最有效率的那点之后，再增加可变投入，就使可变投入相对不变投入来说显得越来越多，从而使产出的增加量递减。

对于边际收益递减规律，有几点需要注意：第一，边际收益递减是以技术不变为前提的，技术水平如果发生变化，这一规律也将发生变化；第二，它是以其他生产要素固定不变，只有一种生产要素的变动为前提的；第三，生产要素报酬的增量并非一开始就是递减的，而是在增加到了一定程度后才开始递减的；第四，它是假定所有的可变投入要素都是同质的，即所有劳动者在操作技术、劳动积极性等各个方面都没有差异。

根据生产要素报酬递减规律，就可以描绘出生产可能性的三个阶段。

在图 3-14 中，从 $O—C$ 为第一阶段，在第一阶段，边际产量（MP）大于平均产量（LP）（由于生产要素报酬一开始是先递增的），虽然边际产量在后来已经有了递减的趋势，但每一单位投入都比前一单位的投入所获得的平均产量高，所以在这个时候每多投入一单位的生产要素，总能得到比前一单位生产要素更多的产品，因而在这一区域，任何一个理性的厂商都不会停止生产。

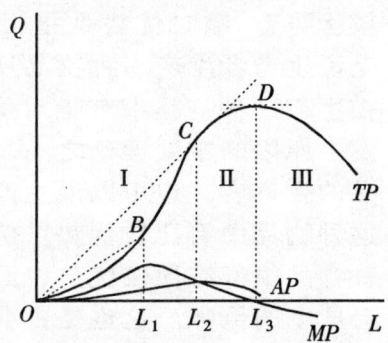

图 3-14（生产可能性的三个阶段）

从 $C—D$ 为第二阶段，在这个阶段中，边际产量小于平均产量，即每增加一单位投入所获得的产出已经比以前的平均产出低，同时也比前一单位投入的产出低，但由于此时的边际产量仍然为正，也就是说尽管边际产量在下降，但总产量仍然是在上升的。因此，这一区域就是理性厂商应该选择的生产数量，但具体会选择生产在哪一点上，则要考虑成本、市场条件等因素。第三阶段为 D 以后，此时边际产量小于 0，即总产量在生产要素投入增加的情况下反而还下降了，因此，任何一个理性的厂商都不会选择在这一区域进行生产活动。

由上述分析可以看出，厂商作为一个"经济人"，在考虑其利润最大化的时候不但要考虑产品的产量，同时也要考虑成本问题，而且在长期中所有的生产要素都是可变的，下面就来看看，在长期中，厂商是如何追求利润最大化的。

案例研究 3-9：球队增加球员，边际平均身高递减，以说明边际收益递减的规律。前提：按实际人可能的身高设定取值范围，最高差 2.35m，球队队员最低差 1.80m。见附表 3-4：

附表 3-4

队员数量	总身高（米）	平均身高（米）	平均身高增加值（米）	趋势
1	2	2	0	
2	2 2.12	2.06	0.06	
3	2 2.12 2.2	2.11	0.05	
4	2 2.12 2.2 2.3	2.155	0.045	↓
5	2 2.12 2.2 2.3 2.35	2.194	0.039	
6	2 2.12 2.2 2.3 2.35 2.1	2.178	-0.016	
⋮	⋮	⋮	⋮	

由附表 3-4 可以看出，球队每增加一名球员，其平均身高的单位增加值是处在下降的趋势的，即每增加一位球员，该球员对球队平均身高的增加值贡献处于下降的趋势。该案例也说明了边际收益递减的规律。

案例研究 3-10：营业性渔民注意到了附表 3-5 中钓鱼时间与钓鱼量之间的关系：

附表 3-5

小时	鱼量（公斤）
0	0
1	10
2	18
3	24
4	28
5	30

第三篇　"经济人"的行为空间——市场

根据边际的概念，该营业性渔民的边际产量分别是 10、8、6、4、2 公斤鱼，由数据已经直接说明了渔民的边际产量递减的规律。并由附表 3-5 的数据可以得到渔民的生产函数，如附图 3-10：

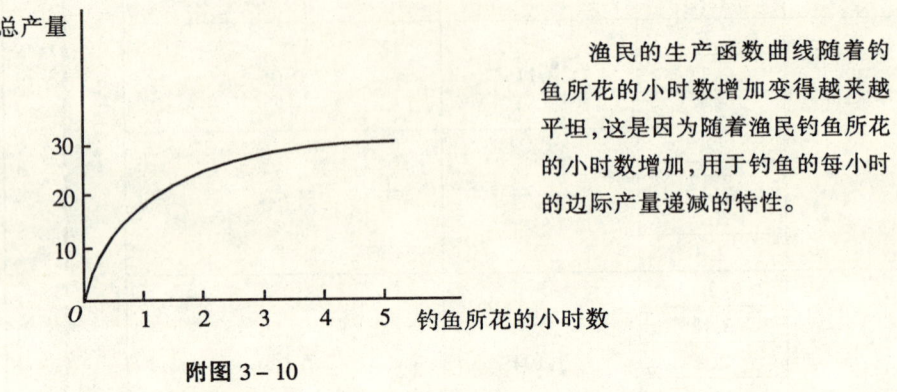

渔民的生产函数曲线随着钓鱼所花的小时数增加变得越来越平坦，这是因为随着渔民钓鱼所花的小时数增加，用于钓鱼的每小时的边际产量递减的特性。

附图 3-10

长期生产函数

$Q = f(L, K)$，显然这里的劳动力和资本都是可变的。

既然在长期中各种生产要素都是可变的，那么对于某种商品的同一产量，就可以有不同的生产要素组合生产得到，这就可以用等产量线来进行描述。

等产量线表示在其他条件（主要是技术条件）不变时，为生产一定的产量所需投入的两种生产要素之间各种可能组合的轨迹（如图 3-15）。其性质有如下三条：

第一，处在较高位置上即离原点较远的等产量线总是代表较大的产量。在图 3-15 中，等产量线 Q_1 的位置比 Q_0 高，表明其产量也大于 Q_0。同理，Q_2 的产量也大于 Q_1 的。这是因为，在一般情况下，投入较多的要素，厂商就一定能够得到较大的产出。

第二，同一等产量曲线图上的任意两条等产量线不能相交，且同一平面可以有无数条等产量线。这是因为两条等产量线的交点代表两种投入要素的同一组合，而同一组合的投入要素不可能生产出两个不同的产量。

第三，等产量线凸向原点并向右下方倾斜，其斜率为负。因为等产量线上的每个点都代表能生产一定产品量的各种要素的有效组合，也就是说，要增加某种要素的投入量并保持产量不变，就必须相应地减少另一种要素的投入量。如果生产一定的产量，需要同时增加劳动和资本的投入，或者不减少劳动（或资本）的同时却要增加资本（或劳动）的数量，那么原先的生产组合就是无效的。

边际技术替代率及其递减规律

边际技术替代率是指在产量不变的情况下,当某种生产要素增加一单位时,与另一生产要素所减少的数量的比例,也称生产要素的边际替代率,或技术替代率,简称 MRTS。

边际技术替代率的递减规律是指在同一等产量曲线上,以一种生产要素代替另一种生产要素的替代率是呈不断下降的趋势的。

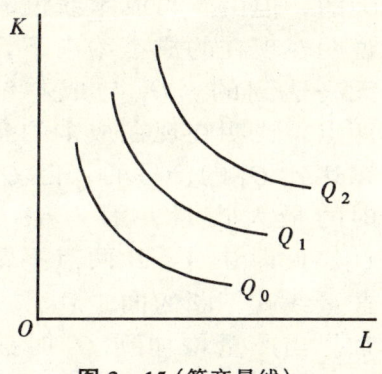

图 3-15(等产量线)

可以这样来对这一规律进行理解:在同一条等产量线上表示的是不同的生产要素组合可以生产同样数量的产品。此时假设生产要素只有劳动力和资本二种,当在某一组合上,比如劳动力为5,资本为3时,产量达到10。此时为了减少资本1个单位,增加了1个单位的劳动力,变成劳动力6,资本2,同样产量达到10,1单位的劳动力代替了1单位的资本。此时,如果再投入1单位的劳动力,所能代替的资本就不再有1个了,而是少于1,比如说0.5,这就是边际技术替代率递减规律。

等成本线

所谓的等成本线就是指生产要素价格一定时,花费一定的总成本能购买的生产要素组合的轨迹。如图3-16。

在图中横轴代表劳动力,纵轴代表资本,从左上到右下的曲线就是等成本线,它的斜率为负表明在一定的成本下,如果要想增加劳动力的投入就必须要减少对资本的投入,反之亦然。以本图为例,如果其他条件不变,劳动力的价格上升,则等成本线以纵轴为原点顺时针旋转,反之将逆时针旋转;如果其他条件不变,资本的价格上升,则等成本线以横轴为原点逆时针旋转,反之将顺时针旋转。

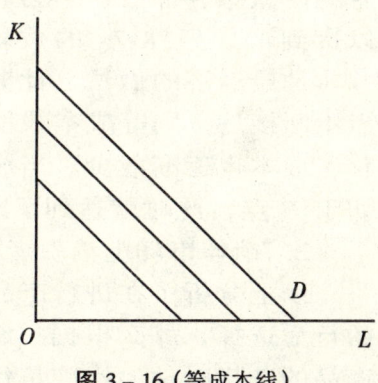

图 3-16(等成本线)

生产要素的最优组合

既定成本条件下的产量最大化

如图3-17,在生产成本一定(成本线为 $K_1 \cdots L_1$)的条件下,有三条不同的等产量线 Q_1、Q_2、Q_3。无疑,三者中 Q_3 的产量是最大的，但由于与成本线没有交点，这就说明在现在的成本约束下，这一产量是无法达到的。Q_1 与成本线交于 A、B 两点，说明在现在成本的条件下，是可以达到 Q_1 的产量的，但 Q_1 显然不是此时的最大产量，因为 Q_2 的产量大于 Q_1。此时让 A、B 两点不断接近，则等产量线就不断的向上移，产量也逐渐增加。当产量增加到 Q_2 时，等产量线与成本线相切于 E 点，此时就达到了既定成本条件下的产量最大化。

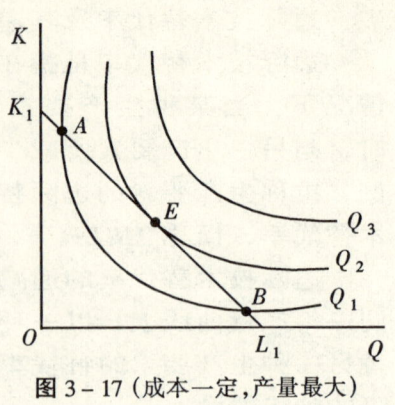

图 3-17（成本一定，产量最大）

既定产量条件下的成本最小化

如图 3-18，在产量一定（等产量线为 Q）的条件下，有三条不同的等成本线 K_1L_1、K_2L_2、K_3L_3。无疑，三者中 K_1L_1 的成本是最小的，但由于与等产量线没有交点，这就说明在现有产量的要求下，这一成本是无法完成的。K_3L_3 与等产量线交于 A、B 两点，说明在现有的产量条件下，用 K_3L_3 的成本是可以达到的，但 K_3L_3 的成本显然太高，并非是最经济的做法。此时让 A、B 两点不断接近，则等成本线就不断的向下

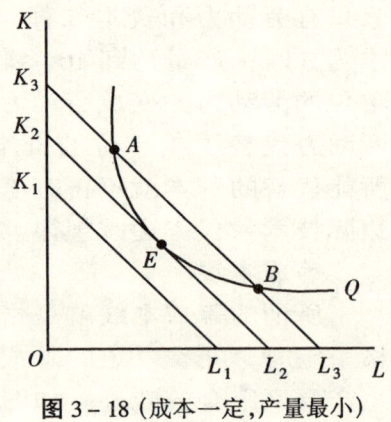

图 3-18（成本一定，产量最小）

移，成本也逐渐减少。当成本减少到 K_2L_2 时，等产量线与成本线相切于 E 点，此时就达到了既定产量条件下的成本最小化。

2. 销售市场上消费者行为的分析

以上分析了在进行产品生产时，厂商为了得到其利润最大化时的行为选择，那么根据"经济人"假设，自然会问，消费者在进行商品的选择时他的标准是什么呢？

厂商的目标是利润最大化，在完全竞争商场上由于其在现有市场价格下可以把他所有的产品都销售出去，因此可以很方便的用产量最大化来代替利润最大化对厂商行为进行分析。而对于消费者来说，要想分析其行为，就必须先引入一个新的概念——"效用"。

通俗的说，效用就是消费者消费物品或劳务时所得到的心理满足程度，并且这种心理满足程度是一种纯粹的消费者的主观心理感受。

引入了效用这一概念后,就可以这样来分析消费者的行为选择,即消费者在进行选择时,其标准是效用的最大化,也就是说在选择消费物品或劳务时,他所付出的是金钱,而得到的是自己的心理满足程度,以自己的感受来衡量这一选择是否合适。

在消费者行为的效用分析中有二种不同的理论,一种称为基数效用论,一种称为序数效用论,下面就分别来加以讨论

基数效用论:所谓的基数效用论是指物品或劳务对于消费者的效用是可以用数字来进行度量的。比如说一个面包的效用为5,一部精彩的电影的效用为10,等等。

在基数效用论中,它以一个先验性的结论为其讨论的起点,其后的讨论都是在此结论上展开的。这个结论就是边际效用递减规律。

边际效用递减规律说的是随着消费商品数量的增加,人们获得的总效用也是在逐渐增加的,但增加的速度却越来越慢,在达到一定的程度后,再增加商品的数量,不仅不能使总效用得到增加,反而还会降低总效用。这种总效用增加的速度随商品数量的增加而减少,并在总效用达到最大值后出现小于0的现象,就叫做边际效用递减规律。

为什么会出现边际效用递减的现象呢?可以从以下二个方面来做大致的分析:一是因为人生理或心理上的原因,对某一种东西,都是在最初的情况下消费欲望最大,而越往后消费欲望就变得越小。比如一个人在饥饿的时候,给他第一个包子,他得到的满意程度最大,此时的效用也是最大的,再给他第二个包子,这时的满意程度也挺大,但已经不如第一个;再到第三个包子的时候,或许他已经比较饱了,但还可以再吃;此时如果再给他第四个包子,对他的感觉或许就已经不是正的效用,而已经是负的效用了。第二个原因是商品的多用途性。一般来说,人们总是试图把商品用到最需要的地方,其次才是不太重要的地方,显然同样的商品,用在后者就比用在前者的边际效用要小。

由边际效用递减的规律可以看出,当边际效用达到0时,此时消费者的总效用是最大的。那么是不是每一样物品都在达到边际效用为0时,消费者就达到了效用最大化呢?在理论上来说这是没有什么问题的,但在现实中,消费者的财力总是有限的,他不可能进行无止境的消费,因此,其所获得的效用最大化就是在既定收入条件下的效用最大化。这里这样认为,即当消费者用在购买每一种商品上的最后一单位货币的效用相等时,就达到了消费者在既定收入

第三篇 "经济人"的行为空间——市场

条件下的效用最大化,也即达到了消费者均衡,可以用数学表达式:

$$MU_x/MU_y = P_x/P_y = \lambda$$

这里,MU_x 表示 X 商品的边际效用,MU_y 表示 Y 商品的边际效用,P_x 表示 X 商品的价格,P_y 表示 Y 商品的价格,λ 表示货币的边际效用。

为什么会这样呢?可以设想一下只消费 X、Y 两种商品,二种商品都符合边际效用递减规律,当 X、Y 商品处于某种组合时,此时若购买 X 商品最后一单位的货币的边际效用大于购买 Y 商品最后一单位的货币的边际效用,那么,增加 X 商品的购买,而减少 Y 商品的购买,必然会获得更大的总效用,而这种总效用的增加刚好到购买 X 商品最后一单位的货币的边际效用等于购买 Y 商品最后一单位的货币的边际效用时即停止。

由上面的消费者均衡表达式也可以推导出前面所说的需求规律来。在一定时期内,作为货币的边际效用 λ 是不变的,此时,如果一种商品的需求量增加了,那么由于边际效用递减规律的作用,他的边际效用是递减的,而为了保持等式的平衡,其价格也必然要降低,从而得到了从左上向右下倾斜的需求曲线。

序数效用论:所谓的序数效用论就是指效用是无法用具体的数字来度量的,而只能对效用的高低进行排序。也就是说,你可以知道在某种情况下水的效用高于面包的,面包的高于衣服的,即水的效用是第一位的,面包是第二位,衣服是第三位,但你无法说出水的效用究竟是多少?比面包和衣服高出多少?这也是序数效用论和基数效用论的区别所在。

在序数效用论中同样要引入几个新概念,首先提到的是无差异曲线。

如图 3-19,无差异曲线是一条从左上向右下倾斜的,凸向原点的曲线。在曲线上的任何一点都表示 X、Y 两种商品的不同组合,在任一组合下,消费者得到的效用是相等的。

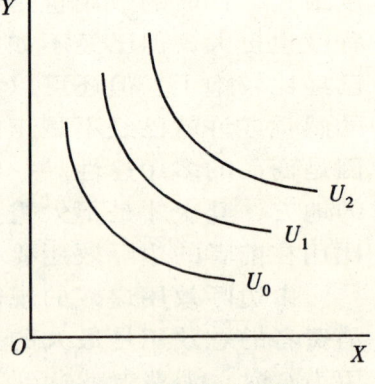

图 3-19(无差异曲线)

无差异曲线有以下几点性质:一是从左上向右下倾斜的,且凸向原点;二是任何两条无差异曲线都不相交;三是离原点越远,表明这条无差异曲线的效用越大,且在同一平面内可以有无数条无差异曲线。

这里的无差异曲线和前面说的等产量线很相似，但两者是不相同的。无差异曲线说明的是消费为了得到同样的效用而消费的两种商品的不同组合，而等产量线说明的是生产相同数量的某一种商品时，可能存在的不同的生产要素的组合。

边际替代率递减规律：边际替代率是指消费者在维持自己效用水平不变的情况下，为了增加一单位的某种商品的消费而愿意放弃的另一种商品的消费数量。其递减规律是说在维持效用水平不变的情况下，随着一种商品消费数量的增加，消费者为了得到每一单位这种商品而放弃的另外一种商品的数量是递减的。

预算线：如图 3-20，预算线是指在收入和商品价格既定的条件下，消费者能购买的不同商品之间的组合。在其他条件不变的情况下，如果 X 商品的价格上升，则预算线绕 Y 轴顺时针旋转；如果 Y 商品的价格上升，则预算线绕 X 轴逆时针旋转；如果收入减少，则预算线向原点方向平移。

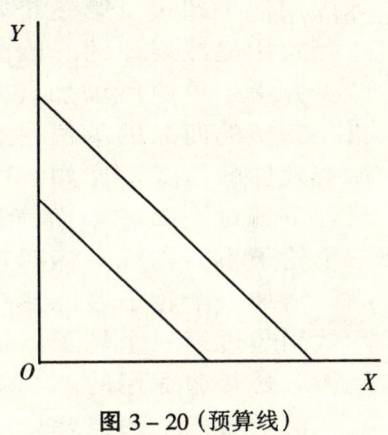

图 3-20（预算线）

在序数效用论下，同样也设定了预算线，那么在预算线的约束下，消费者如何实现其效用的最大化，也就是说，消费者的均衡应如何实现呢？

如图 3-21，有三条无差异曲线 U_1、U_2、U_3，在这三条无差异曲线中，U_3 的效用是最大的，但是在现在的预算情况下也是无法达到的。而 U_1 与预算线相交于 A、B 两点，显然这是当前的预算情况下可以达到的效用水平。但是这一效用水平是比较低的，因为如果不断的将 A、B 两点靠拢，那么无差异曲线 U_1 就将不断的向上移动，从而效用水平就可以不断的上升，当无差异曲

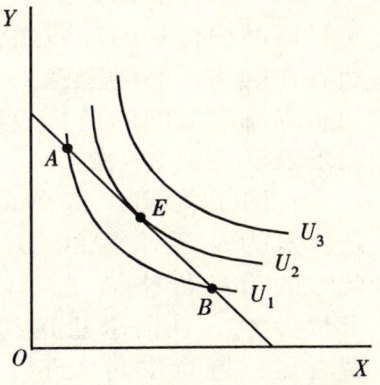

图 3-21（序数效用下消费者均衡）

线达到 U_2，此时 U_2 与预算线相切于 E 点，就达到了在现有预算水平下的最大效用，也即实现了消费者均衡。

案例研究 3-11：馒头、轮胎和边际效用递减。一、馒头和边际效用递增，这儿的递增是有前提的，即在一段时间内消费的商品减少。根据边际效用递减规律，个人在增加他对同种商品和劳务的

消费中，他增加的满足是递减的；反之，当在一段时间内，个人在减少他对同种商品和劳务的消费中，他减少的满足是递增的。例如，人们在吃第二个馒头得到的满足要比第三个馒头大，而吃第一个馒头得到的满足要比第二个馒头更大。这是因为，消费一物品数量减少，人们越感到这种物品对满足自己需要的重要性。如果该物品存在多种用途，则该物品的数量越少时，人们越会将此物品用来满足自己最迫切最重要的需要。二、因此，有的人认为边际效用递减规律存在例外。其举例：如果你有一辆需要四个轮子才能开动的车子有了三个轮胎，那么当你有第四个轮子时，这第四个轮子的边际效用似乎超过了第三个轮子的边际效用。但实质上，这是不违背边际效用递减规律的。因为边际效用是指物品的消费量每增加（或减少）一个单位所增加（减少）的总效用的量。这里的"单位"是指一完整的商品的单位，这种完整的商品单位，是边际效用递减规律有效性的前提。比如，这个定律适用于一双鞋子，但不适用于单只鞋子。对于四轮车而言，必须是有四个轮子的车才成为一单位。三个轮子不能构成一辆四轮车，因而每个轮子都不是个有效用的物品，增加一个轮子才能使车子有用。因此，不能说第四个轮子的边际效用超过第三个轮子。也就是说，在一般条件下，边际效用递减规律总是普遍适用的。

消费者剩余的概念

所谓消费者剩余是指消费者从消费某种商品中得到的净收益。或者说是消费者在购买商品时愿意支付的总价值和他实际支出之间的差额。消费者剩余的图形表示见图3-22。

在图上的阴影部分即为消费者剩余。因为从需求需线 D 中可以看出，此时的市场价格为 P_0，而消费者的需求量为 Q_0，在需求量达到 Q_0 以前，消费者显然愿意支付大于 P_0 的价格来进

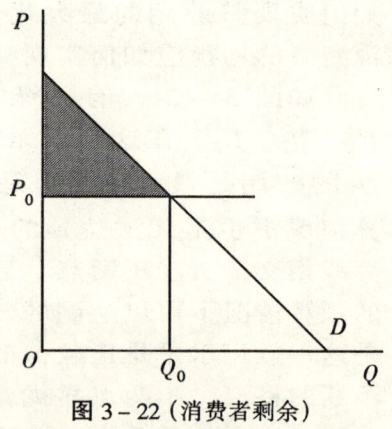

图3-22（消费者剩余）

行购买，而在实际的支付过程中，他们对于那一部分的商品，也只需要支付 P_0 的价格即可买到，因此，这少支出的价格就转换成了消费者剩余。

案例研究 3-12：柠檬、柠檬水和早到的加利福尼亚寒流。加利福尼亚早来的寒流会使柠檬变酸，消费者对柠檬的评价下降，需求曲线向左下方移动。在其他条件不变的情况下，消费者剩余减

少。如附图 3-11 所示，柠檬质量下降，使需求曲线从 D_1 下降到 D_2，APE 是原先的消费者剩余，$A'P'E'$ 是变动后的消费者剩余，$\triangle APE > \triangle A'P'E'$。由于柠檬价格的下降，柠檬水的投入成本减少，柠檬水的价格也下降。在其他条件不变的情况下，柠檬水市场上消费者剩余增加，见附图 3-11 和附图 3-12 所示。

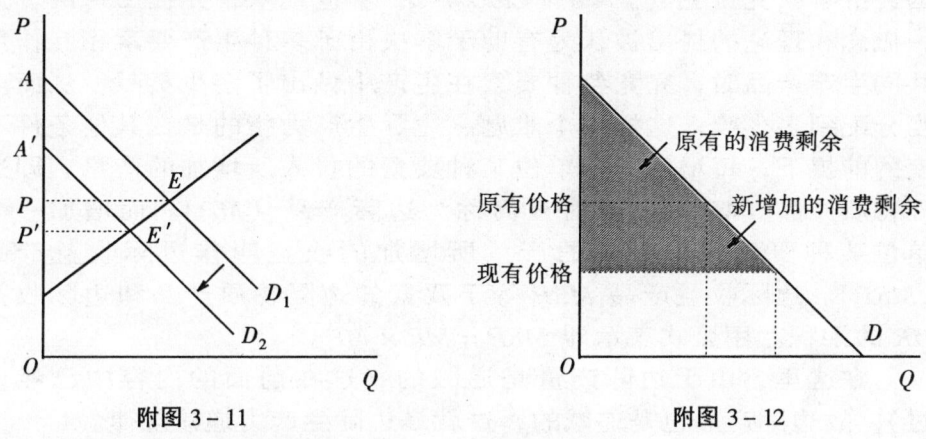

附图 3-11　　　　　　　　　　附图 3-12

3. 生产要素市场上"经济人"行为的分析

以上分析了在产品市场上"经济人"的选择行为。一个厂商要生产产品，首先他要购买原料和劳动力，而一个消费者要购买商品，也必须要有一定的货币收入才行。因此，这里就存在了一个生产要素市场，所谓的生产要素包括劳动、资本、土地等，它们的价格分别称为工资、利息和租金等。同样作为市场，生产要素市场与产品市场有许多相似之处，但在这两类市场上，参与者的角色正好相反。作为产品市场买方的消费者在生产要素市场上成为卖方，出卖劳动、资本、土地等生产要素；而作为产品市场上卖方的生产者在生产要素市场上则是买方，它们购买上述要素来进行生产，下面就将对生产要素市场进行讨论。

先来看看要素市场的特点是什么。作为区别于产品市场的要素市场，它是具有其自身的特点的。首先，生产要素的需求是一种"派生需求"，厂商并不是为生产而生产的，而是为了生产出消费者需要的商品和劳务，从而使自己获得利润，因而厂商对生产要素的需求是由消费者对产品的需求派生而来的；其次，生产要素的需求是一种"联合需求"，任何一种产品，都不是一种生产要素单独就能生产出来的，而是必须由多种生产要素共同合作来生产的。

既然生产要素在投入到生产中生产出了产品，那么各种生产要素就对产出的产品拥有必然的分配权利，这点是毫无疑问的。但是,问题的关键却在于,各种不同的生产要素在生产中共同发挥作用的情况下,如何来考虑其对产品的贡献程度,从而直接关系到各种生产要素如何在产品中进行分配。

在这里,只介绍一种比较流行的观点,即边际生产力理论(*marginal productivity theory of distribution*)。边际生产力的概念是由美国经济学家克拉克(*J. B. Clack*)于19世纪末首先提出来的。这一概念和理论的提出被认为有助于解决由于多种生产要素相互作用共同生产产品时,究竟各种要素在生产中做出了多少贡献,从而应当分配到多少收入这样一个难题。边际生产力指的是在其他条件不变的前提下,每增加一个单位某种要素的投入所增加的产量,即边际物质产品(MPP),有时被简称为边际产品(MP)。而增加一个单位某种要素投入带来的产量所增加的收益叫作边际收益产品(MRP)。边际收益产品 MRP 等于要素的边际物质产品和边际收益 MR 的乘积。用公式表示即 $MRP = MR \times MP$。

在这里,由于边际产量是递减的(这在前面的内容中已经说过),故边际产品也是递减的,这就是边际生产力递减规律。

作为生产要素在产品中进行分配的依据,边际生产力是递减的,因而各种生产要素所分配到的产品随着其投入量的增加,每单位生产要素分配到的产品也必然应该是递减的。而在完全竞争市场条件下,知道每个产品的边际收益是不变的,即 $MR = P$,而且,边际要素成本也是不变的,即 MFC 也是不变的。这里解释一下什么是边际要素成本。边际要素成本指的就是增加一单位投入要素所增加的成本支出。在要素市场是完全竞争的条件下,所有的要素供给者都只能按照当前的市场价格提供生产要素,作为一名生产者,他可以按既定的价格在市场上购入他所需要的任何数量的生产要素,因此,此时的边际要素成本(MFC)是不变的。下面,再进一步的来讨论要素市场在什么情况下可以达到市场均衡。

作为一个理性的厂商,他选择生产要素的标准同样也是利润最大化,此时先假设厂商的产量现在处于某一水平,此时的 $MRP > MFC$,即边际收益产品 > 边际要素成本。这就意味着此时,每投入一单位的生产要素,他所获得的利润要大于其成本,显然,作为一个理性的厂商,为了获得更多的利润,此时继续增加生产要素的投入,扩大产量是他当然的选择。

根据前面的分析知道,无论在什么市场条件下,任何一种生产要素的边际生产力都是递减的,也就是说边际收益产品也是递减的,而在完全竞争的市场条件下,边际要素成本是不变的,因此,一个明显的结果就是随着生产要素投入的不断增加，MRP（边际收益产品）将会 < MFC（边际要素成本），此时就意味着，每投入一单位的生产要素，他所获得的利润已经小于其成本，而且投入的越多，其差额也会越大，厂商的损失也会越大，因此，任何一个理性的厂商，在此时他的唯一选择将会是减少生产要素的使用。

根据上面的分析，可以看到如果 MRP > MFC，则理性厂商将会增加生产要素的投入，而当 MRP < MFC，理性厂商将会减少生产要素的投入。此时，不难看出，只有当 MRP = MFC 时，此时厂商既不会增加，也不会减少对于生产要素的投入，此时生产要素的使用就达到了均衡的状态。

案例研究 3-13：对航空燃料的需求。在 20 世纪 70 年代和 80 年代初期，美国航空公司的燃料成本随着世界石油价格的上升而迅速提高。例如，在 1971 年，燃料成本占全部运营成本的 12.4%，而到 1980 年，燃料在运营成本中的份额上升到 30%。就如会预计到的那样，在这一期间，航空公司使用的燃料数量随着价格的上升而减少。因而，以吨英里数（1 吨英里是 1 吨乘客、行李或货物运输 1 英里的缩写）衡量，航空产业的产出增长了 29.6%，而消费的航空燃料只提高了 8.8%。在 20 世纪 80 年代后期，随着石油价格的下降，航空燃料在运营成本中的份额也下降了，但它仍旧占相当大的比重——在 90 年代初，它超过 15%。

了解航空燃料的需求对炼油厂经理是很重要的，因为他们必须决定生产多少航空燃料；它对航空公司经理也是很重要的，因为他们必须计划在燃料价格上升时购买多少燃料以及成本将会如何变化。

燃料成本上升对航空公司的影响取决于航空公司两方面的能力：它们或者是通过减少重量（携带较少的备用油）和飞得较慢（减少制动和提高发动机效率）来削减燃料的使用，或者是将较高的成本通过价格转移给乘客。因而，对航空燃料需求的价格弹性取决于保存燃料的能力和旅行的供给和需求弹性。

为了衡量航空燃料的短期需求弹性，用航空公司在其国内航线网络内所有市场所使用的燃料加仑数作为燃料的需求量。航空燃料的价格以每加仑美元数衡量。对需求的统计分析必须考虑价格以外的其他因素，这些因素可以解释为什么某些厂商会比另一些厂商需求更多的燃料。一个因素是某些航空公司使用燃料利用效率高的喷气机，而另一些公司没有使用。第二个因素是航程的长度。航程越短，每英里航行所消耗的燃料就越多。这两个因素都包括在统计分析中,该统计分析说明燃料的需求数量与价格的关系。附表 3 – 6 显示了某些短期价格弹性。(它们并没有解释引入新机种的因素。)

附表 3 – 6

航空公司	燃料价格弹性	航空公司	燃料价格弹性
American	– 0.06	Braniff	– 0.10
Continental	– 0.09	Delta	– 0.15
Eastern	– 0.07	National	– 0.03
Northwest	– 0.07	Pan American	0.00
TWA	– 0.10	United	– 0.10

航空公司关于航空燃料价格弹性的值在 0(泛美)到 – 0.15(三角)范围内。总的来看,结果显示,航空燃料作为航空飞行生产的投入品,对它需求的弹性是非常低的。这并不令人意外,在短期内,对航空燃料没有好的替代品。然而,需求的长期弹性要高些,因为航空公司最终能够引入能源效率更高的飞机。

附图 3 – 13 显示了对航空燃料的短

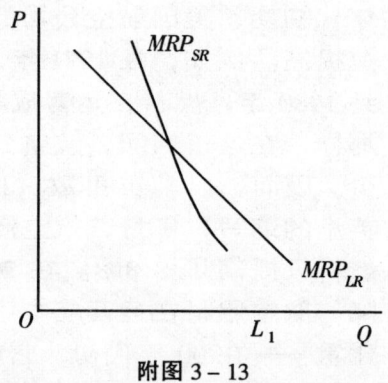

附图 3 – 13

期和长期需求。短期需求曲线 MRP_{SR} 比长期需求曲线的弹性要低得多,因为在燃料价格上升时要用新的、燃料利用效率更高的飞机取代其他飞机需要时间。

4. 劳动力市场的均衡

对于劳动力市场的均衡,将主要讨论在完全市场条件下的,对于非完全竞争市场的,也将在此一起加以简单说明,就不在后面的非完全竞争市场的讨论中加以展开。

劳动力市场的均衡,也与其他市场一样,取决于劳动力的供给与需求,而作为劳动力价格的工资,是这一市场达到并保持均衡的关键因素,因此,对于劳动力市场均衡的讨论,可以从均衡工资的形成为起点加以展开。

首先,先给出一个结论,即收入与闲暇的边际替代率等于工资,这就是劳动的最优供给原则。

劳动的供给曲线是一条如图 3 – 23 所示,先从左下向右上倾斜再转向左上倾斜的曲线。这与一般的所熟悉的一个向右上倾斜的供给曲线有明显的差别，为什么会出现这样的情况呢？下面来进行分析。

要说明这一曲线为什么会这样，先来说说工资变动的收入效应和替代效应。所谓工资变动的收入效应，他所反映的是工资率越高，个人就越有条件以较少的劳动换取所必须的收入和消费品，也就有更多的时间用来休闲，从而使劳动的时间变少，减少了劳动的供给。所谓工资变动的替代效应，他所反映的是工资率越高，对因为工作而失去的闲暇时间的补偿作用就越大，劳动者也就越愿意用更多的劳动来代替闲暇，从而增加劳动的供给。

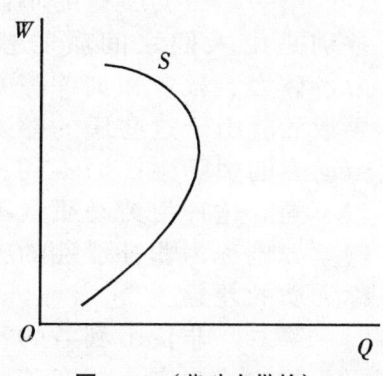

图3-23（劳动力供给）

在工资率较低时，当工资上升后，人们可以得到更多的钱用于消费，此时相对而言，替代效应要大于收入效用，因而在这时，劳动的供给曲线就是向右上方倾斜的；而当工资率上升到一定的程度后，再上升的话，此时由于人们对于收入和消费品的需求也达到了一定的满足程度，此时他们更加愿意的是享受快乐的休闲时光，因此在此时，工资的收入效应就要大于替代效用，在这种情况下，劳动的供给曲线就会从右上倾斜转而向左上倾斜。

劳动的需求曲线如图3-24所示，是一条从左上向右下倾斜的曲线，这与所熟悉的需求曲线是基本一致的，劳动的需求曲线向下倾斜的原因在于劳动力的边际生产力是递减的。

劳动力市场的均衡（即均衡工资的决定）

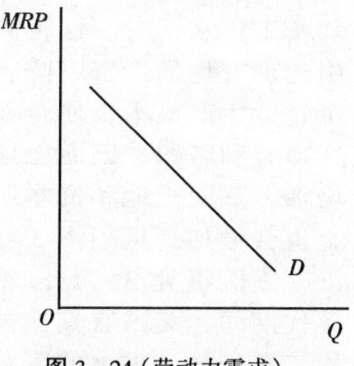

图3-24（劳动力需求）

如图3-25所示，将向右下方倾斜的劳动市场需求曲线与部分向后弯曲的劳动市场供给曲线置于同一图中，便可得到劳动市场的均衡点。图中决定的均衡工资率为W_0，均衡的劳动供求数量为Q_0。

如果是在一个理想化的完全竞争的市场上，按照各种生产要素的边际生产力来进行产品分配的话，工资应该是一样的，但在现实生活中，工资往往是不一样的，有时候还有比较大的差异，下面就来说一说造成这些差异的原因所在。

第一，劳动质量的不同。这种工资差别是由人们之间质的差别，即在智力、体力、教育和训练等方面的不同所导致的。由于这些质的差别的存在，使劳动者的边际生产力不同，工资因而也就不同。这种由劳动质量不同引起的工资差异也称为非补偿性的工资差异或者称为质的差异。

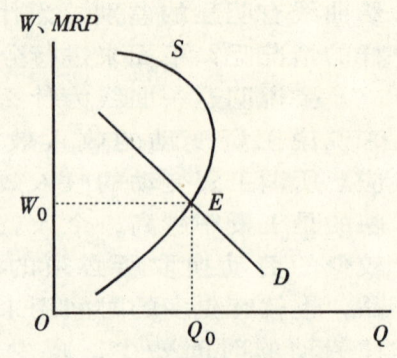

图3-25（劳动力市场均衡）

第二，非货币利益的不同。职业与职业相比，在安全、辛苦、环境、声誉等方面有时悬殊巨大，势必造成心理成本的不同。如果不保持工资差别，不给那些心理成本高，人们不太愿意从事的职业以特殊的收入补偿，提高其工资水平，就难于保证这些部门的供求均衡。这类工资差别被称为补偿性工资差别。

第三，市场的不完全竞争。现实生活中的市场往往都是不完全竞争的。比如信息的不对称；乡土观念；工会组织的力量及政府行为；对妇女及弱势群体的歧视等等原因，都会造成劳动力流动在实事上的困难，从而形成工资的差异。

案例研究3-14：移民、工资和租金。进入美国的移民突然增加，增加了美国劳动市场的劳动供给量，在原来的均衡工资水平时，这种劳动供给过剩会引起现有均衡工资下降，工资下降降低了企业生产成本，使企业扩大生产规模变得有利可图，因而土地和资本的需求增加，从而土地和资本所有者获得的租金也会增加。见附图3-14：

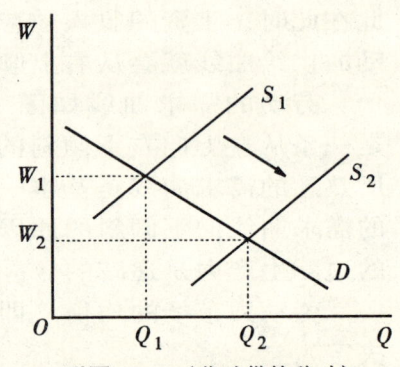

附图3-14（劳动供给移动）

案例研究3-15：20世纪80和90年代期间，美国有其他国家资本的大量流入，对美国工人得到的平均工资产生了重大的影响。首先，资本流入使得美国市场资本使用量增加，从而增加了美国劳动力市场的劳动需求；其次，劳动需求增加进而增加了美国工人的平均工资。见附图3-15资本流入后的美国劳动市场图：

5. 土地市场的均衡

同样的，土地市场的均衡也就是均衡地租的形成过程，在讨论中，也以均衡地租的形成为起点来进行土地市场均衡的讨论。

(1) 土地的需求

土地作为一种生产要素，同样也服从生产要素的边际生产力递减理论，因而土地的需求曲线也同其他的生产要素的需求曲线一样，是一条向右下方倾斜的曲线（如图 3 – 26）。

(2) 土地的供给

土的的供给曲线有二条，一条是垂直的供给曲线，另一条是向右上倾斜的供给曲线。土地这一生产要素与其他生产要素具有不同的特性，即他具有稀少性、不可流动、不能再生等特点。因此，就一个国家而言，其土地总的供给是有限的，无论价格如何变动，土地的供给量都是衡定的，因此，这时的土地供给曲线就是一条垂直的曲线（如图 3 – 27）。但是就某一个行业来说，土地的供给又是可变的，比如当房地产业比较繁荣的时候，原来准备用来建工厂的土地也可以用来做房地产交易，此时，仅就房地产业而言，其土地的供给是增

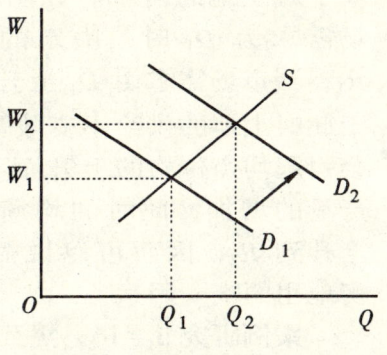

附图 3 – 15
（资本流入后的美国劳动力市场图）

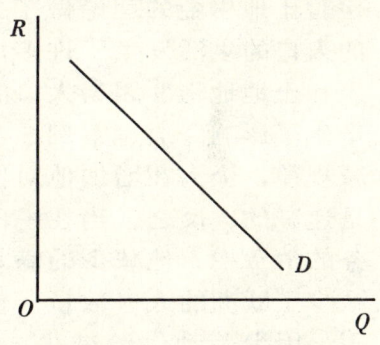

图 3 – 26 （土地需求曲线）

加了，只是此时供给的增加是以价格的上涨为前提的。因此，从局部来说，土地的供给也可以是一条从左下向右上倾斜的曲线（如图 3 – 28）。

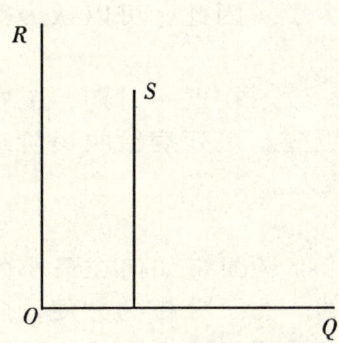

图 3 – 27 （土地供给曲线）

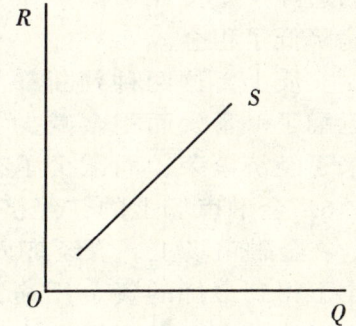

图 3 – 28 （土地供给曲线）

(3) 土地市场的均衡与均衡地租的形成

就整个国家来说，土地市场的均衡，或者说均衡地租的形成取

决于对土地的需求。如图 3-29，当市场需求为 D_1 时，决定的均衡地租为 R_1；当市场需求由 D_1 上升到 D_2 时，由于此时土地的供给不变故需求的上升只会引起均衡价格的上升而不会带来均衡产量的增加，此时的均衡地租就由 R_1 上升到 R_2，因而可以说需求是决定均衡地租的唯一因素。

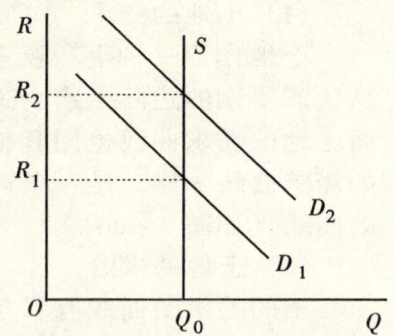

图 3-29 （均衡地租的形成）

案例研究 3-16：黑死病的经济学。14 世纪的欧洲，鼠疫的猖獗在短短的几年内夺去了大约三分之一人口的生命。这个被称为黑死病的事件为检验土地租金的理论做了一个可怕的自然实验。黑死病过后，幸存的人口的生活发生了许多的变化。黑死病影响着幸存人口的工资收入和土地地租。因为人口的减少对劳动边际产量和土地的边际产量产生了影响。通过案例 3-11 的分析，已经知道：根据边际效用递减规律，个人在增加他对同种商品和劳务的消费中，他增加的满足是递减的；反之，当在一段时间内，个人在减少他对同种商品和劳务的消费中，他减少的满足是递增的。同理的，由于黑死病大幅度减少了欧洲的人口数量，使得在一段时间内，可供消费的劳动减少了，因为劳动供给减少。因此，在这种情况下劳动边际产量增加了。为此，可以估计到黑死病提高了工资水平。

由于土地和劳动共同作用于生产，工人供给减少也影响土地市场，土地是中世纪欧洲另一种主要的生产要素。由于可用于耕种土地的工人少了，增加一单位土地所生产的额外产量少了。因此，土地的边际产量按照边际产量递减的规律减少了。因此，可以认为黑死病降低了租金。

实质上，这两种判断都与历史证据相一致。在这一时期，工资将近翻了一番，而租金减少了 50%，甚至更多。黑死病给农民阶级带来了经济繁荣，而减少了有土地阶级的收入。

6. 金融市场上的"经济人"行为分析

在金融市场上，"经济人"的行为选择都是围绕如何在最小的成本下得到最优的资金用途为目标而进行的。为了分析的方便，此时可以认为在金融市场上均衡利率的形成就是"经济人"行为选择的必然结果，因而讨论就可以先从均衡利率的形成展开。

在历史上，关于利息的起源，利息的本质及利息的决定都有很多不同的观点和看法，也是一个比较有意思的话题，不过由于篇幅所限，不可能对这一问题展开讨论，因此，现在主要介绍一下关于在近、现代思想上占有重要地位的利息决定理论。

古典的储蓄——投资理论

庞巴维克的时差论与迂回生产理论

庞巴维克（BöhmBawerk Eugen ven）是现代资产阶级的著名经济学家，奥地利学派的主要代表人。他在1884年发表的《资本利息理论的历史与评论》和1889年发表的《资本的积极理论》中，详尽阐述了他的利息和利率理论。

庞巴维克认为，从需求的角度来讲，由于"现在的物品通常比同一种类和同一数量的未来的物品更有价值"，此两者之间的差额就是利息的来源，也就是说，要使人们放弃现在价值高的物品，换取将来价值低的物品就必须给予利息的补偿。从供给角度讲，利息主要来源于"迂回生产"的多产性。所谓"迂回生产"，是指在生产出消费品以前，先生产出工具、设备和原料等中间产品，然后才生产消费品。"迂回生产"比直接生产，即直接作用于最终产品的生产具有更高的生产力，但耗费的时间较长，利息就是这种时间的间隔。

庞巴维克的利息理论以价值时差论著称，他的理论基础是：首先，不同时期的需要与资力不相同；其次，对将来欲望及其满足手段的评价较低；第三，现在财富比将来财富具有技术优越性。

庞巴维克的第一个、第二个理由所依据的都是主观价值论，认为对物品的主观评价是决定商品供求的基础，而商品的价格正是由商品的内在价值和商品的供求关系共同决定的。从这个意义上说，庞巴维克的论断也有其一定的道理；第三个理由也是可能的，因为现在财富的使用至少在技术上能比将来的财富形成更大的产出，至少这一段形成的时间领先可以提供这样的可能。

庞巴维克的利率理论显然是比较简单和粗陋的，他只是分析利率形成的表象，而没有深入到再生产的循环中去，也没有讨论对货币供求、消费和投资的影响。但是，因为1889年以前的经济运行的机制和方式也是比较简单的，所以庞巴维克的研究与当时经济发展的实际还是比较适应的。

马歇尔的等待说与资本收益说

作为现代英国著名的经济学家、剑桥学派的创始人、新古典经济学理论体系的建成者马歇尔（Marshall Alfred），将其经济学上驰名的均衡价格论的方法运用于利率理论。他认为，利率为资本的供给和需求所决定，而资本的边际生产力为资本需求的决定因素，抑制

第三篇 "经济人"的行为空间——市场

现在的消费、"等待"未来的报酬，则为资本供给的决定因素。这两种决定力量的均衡就决定了利率水平，利息就是人们等待的报酬。他说，当一个人为了增加他的将来的资源，而节制他消费能力以内的任何物的消费，就是在增加财富的积累。

马歇尔把"等待"作为支配资本供给的因素，这"等待"一词就包含着积累财富、积累资本，为资本的供给提供来源的意思。资本供应量的多少，因此取决于人们是否乐于等待。这种性质的等待，马歇尔称之为储蓄，人们是否愿意储蓄或储蓄多少则取决于利率水平的高低，利率上升刺激储蓄愿望；相反，利率的下降则会使人们增加现在的消费，减少为将来所做的准备。储蓄与利率同方向变动表明，马歇尔认为储蓄是利率的递增函数。

马歇尔还认为，资本需求的支配因素是资本的收益性或生产力。他说"借款人所愿支付的利率，是他使用资本的预期收益的尺度"。对于资本的主要需求产生于资本的生产力和资本所提供的服务。企业家之所以需要资本，是由于资本具有收益性，只要还能获得收益，企业家就继续需要资本，直到资本的边际收益与利率相等为止。资本的需求因此是利率的递减函数，利率下降，资本需求即投资就增加；反之则减少。

利率为资本的供求所决定，而资本的供给即储蓄，又为利率的递增函数。资本的需求，即投资则为利率的递减函数，利率的决定机制因此可以以图3-30来表示。图中 i_0 表示储蓄 S 与投资 I 相等时的均衡利率。由于储蓄与投资均指实物，所以这里的利率就是实物利率。

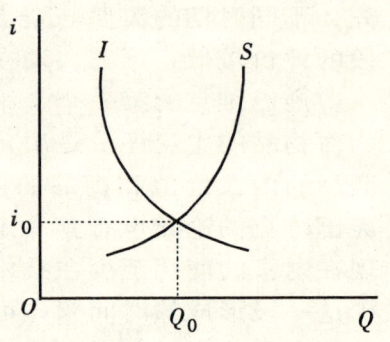

图3-30　（马歇尔的利率决定理论）

上述庞巴维克与马歇尔的利率理论构成"古典"利率理论的基础，经过维克塞尔等经济学家的发展而形成为"古典"利率理论。

维克塞尔的自然利率学说

维克塞尔（Wieser, Friedrich Von）是现代瑞典著名经济学家、瑞典学派的创始人。他所著的《价值、资本与地租》（1898年）有关于利率问题的论述。他运用一般均衡方法提出了自然利率理论，开创了一条研究利率问题的新思路。

根据马歇尔上述理论，利率决定于资本的供给和需求。资本的供给来自于储蓄，利率与储蓄（因而也就与资本供给）成正函数关系；资本需求取决于投资，投资决定于边际生产力和利率的比较，利率与投资成反函数关系。维克塞尔指出资本供给和需求相等，也就是储蓄和投资相等时的利率就是所谓自然利率。维克塞尔进一步解释说："自然利率是对物价完全保持中立，既不使物价上涨，也不使物价下落的利率；它与不用货币交易而以自然形态的实物资本来进行借贷时为其需求与供给所决定的利率恰恰相等。"也就是说，自然利率相当于资本（或投资）的预期收益率，也是保持适度投资规模的利率。

维克塞尔在确定自然利率是预期投资收益率的基础上，进一步提出货币利率是现实市场的利率，也就是资金供求均衡的利率。若货币利率与自然利率相一致，也就是投资的回报与银行贷款的利率持平，此时企业家既不会扩大生产规模，也不会缩小生产规模。因为没有增加的货币供给进入流通领域，所以此时的投资既不会使物价上升，也不会使物价下跌，货币因此是中性的，因为经济既不扩张也不收缩。显然两种利率的相等是实现经济均衡的重要条件，但是货币利率常常与自然利率背离，比如生产技术的改善，或者实物资本需求的增加，使得自然利率的因素保持不变，而资金需求的增加，也导致货币利率的提高。

在货币利率低于自然利率的情况下，资本家获利的机会较多，便竞相扩张生产，从而导致原材料、劳务及土地等价格的提高。生产要素的提供者收入增加，对消费品的需求增多，拉动消费品的价格上涨，企业家为增产消费品而扩大资本品的需求，拉动资本品价格一起上涨，形成经济的累积性扩张。反之，在货币利率高于自然利率的情况下，企业家的盈利机会减少，投资减少，资本品和消费品的价格都下跌，这就形成与上述过程相反的经济累积收缩。因此要使经济保持均衡，就必须保持货币利率与自然利率的长期一致。

费雪的时间偏好与投资机会说

费雪（Fisher Irving）是现代美国著名的经济学家和货币金融理论家，也是古典利率理论的主要倡导者之一。他写了大量关于利率和利息问题的著作，最著名的主要有《利息理论》（1930）和《利率论》（1907）。

费雪认为，利息产生于现在物品与将来物品交换的贴水，它是由主观因素和客观因素共同决定的。所谓主观因素就是社会公众对现在物品的时间偏好，所谓客观因素则是指可能的投资机会。社会公众偏好现在的物品，不是因为偏好现在物品本身，而是偏好现在物品所能产生的未来收入。当然，并非全体公众都偏好现在物品，有人也可能偏好未来物品而让渡一部分现在物品，其条件是必须取得一定的补贴或报酬，即取得利息，因为现在物品的未来收入要高于将来的物品。同时，也有人愿意支付利息，从而以较多的未来收入换取较少的现在收入。现在物品与未来物品的交换是通过货币市场的借贷和证券市场的买卖来实现的。在这一交换过程中，公众的时间偏好影响着利率的高低。如果人们对现在物品的偏好较强，愿意以较少的现在收入来换取较多未来收入的愿意较弱，那么只有较多的利息补偿才能诱使他们进行这样的交换，利率水平自然就较高；反之，人们对现在物品的偏好不如换取较多的未来收入的意愿强，那么无需很多的利息回报，他们就愿意进行这样的交换，利率水平自然也就比较低。

在说明主观因素对利率的影响之后，费雪进一步说明，投资者按照不同的投资机会，进行收入流量最大、时间形态最好的投资安排。也就是说，企业家在筹措资本时，总是选择最有利的时间安排，以使其投资的收益最高，时间排列最为恰当。在选择投资机会时，企业家首先要考虑利率。利率较低选择生产周期较长的投资机会；否则，就选择生产周期较短的投资机会。其次，企业家要考虑利润率。只有在利润率大于利率的条件下，企业家才会继续投资。所以资本的需求和投资的继续将进行到利润率与利率相等为止。同供给过程一样，资本需求的过程也是在货币市场和证券市场上完成的。

在上述分析的基础上，费雪还进一步说明，在货币市场和证券市场上，公众的时间偏好决定着资本的供给，而企业家对投资机会的选择则决定着资本的需求。当资本供给与资本需求相等时，就决定了整个社会的利率水平。这就是说，利率决定于社会公众的时间偏好和企业家对投资机会选择的一致。

值得指出的是，在利率理论的发展史上，费雪首先开展了对实际利率和名义利率的研究。他认为，物价的变动会引起名义利率与实际利率的背离，因为在物价上涨的环境中，公众会预期未来的物价将继续上涨。所以，他们在借出资本时，要考虑物价上涨造成利率收入的损失，因此，倾向于提高利率，从而使名义利率高于实际利率，但不会高到足以抵消物价上涨的程度。这一颇有创见的见解，为以后货币主义领袖弗里德曼所大力推崇。

以上从庞巴维克到费雪的利率理论，称之为实际利率论，该理论强调非货币的实际因素——生产率和节约在利率决定中的作用。根据这一理论，利率具有自动调节经济，使其达到均衡状态的作用。当储蓄供给大于投资需求时，利率便下降。较低的利率自动刺激人们减少储蓄，增加投资。储蓄少于投资时，利率就上升，较高的利率则刺激人们减少投资，增加储蓄。这种实物利率理论支配理论界达200余年之久，直到20世纪30年代西方经济大危机，运用"古典"利率理论已经不能解释当时的经济现象，于是出现了"流动性偏好"利率理论和可贷资金理论。

"流动性偏好"理论

凯恩斯（John Maymard Keynes）是现代西方经济学历史上占有举足轻重地位的人物。他开创了较为完整的宏观经济学的分析框架和体系，1936年出版的《就业、利息和货币通论》是凯恩斯最为重要的著作。

凯恩斯把利息定义为是对人们放弃流动性偏好的报酬，在此决定利率的是货币因素而非实际因素。他认为利率取决于货币的供求，货币供应是由中央银行决定的外生变量，货币需求则取决于人们的流动性偏好。当人们的流动性偏好增强时，愿意持有的货币数量就会增加，当货币供应不变时利率就会上升；反之，当货币需求减少而货币供应不变时，利率就会下降。因此，利率是由流动性偏好决定的货币需求与货币供应共同决定的。该理论用图3-31表示。

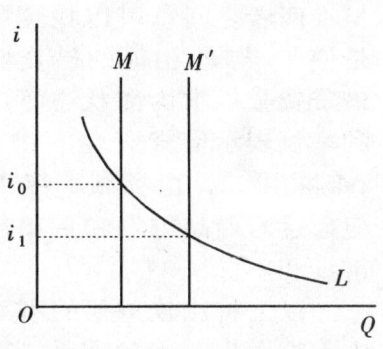

图3-31 （凯恩斯的利率决定论）

图2-31中的货币供应曲线M因由货币当局决定，成为一条直线；L是由流动性偏好决定的货币需求曲线，两线的相交点决定利率。但L越向右越与横轴平行，表明当M线与L线相交于平行部分时，由于货币需求无限大，利率将不再变动，即无论增加多少货币供应，货币都会被储存起来，不对利率产生任何影响，这就是凯恩斯利率理论中著名的"流动性陷阱"说。

可贷资金理论

由英国的罗伯逊（Robertson，Dennis JHolme）和瑞典的俄林（Ohlin Bertil Gotthard）所倡导。他们一方面反对传统经济学对货币因素的忽视而将利率的决定仅限于实际因素；另一方面又批评凯恩斯只强调货币供求而否定实际因素在利率决定中的作用。他们认为，利率是由可贷资金的供求决定的，可贷资金的总供给F_s，包括了总储蓄S和由银行体系创造的新增货币量ΔM_s；可贷资金的总需

求 F_d 包括总投资 I 和新增加的货币需求量 ΔM_d。利率由借贷资金的总供给曲线 F_s 和总需求曲线 F_d 的均衡点决定。如图 3-32 中 F_s 和 F_d 的交点 E 决定了可贷资金供求均衡时的利率 i。

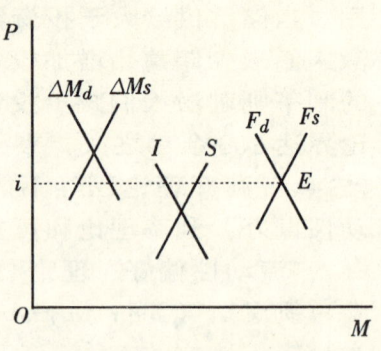

图 3-32 （可贷资金论）

需要说明的是，由于 F_s 和 F_d 的均衡取决于商品市场和货币市场的均衡，而商品市场均衡的决定因素是 I 和 S；货币市场均衡的决定因素是 ΔM_s 与 ΔM_d，因此两市场同时均衡是不容易的，在图形中表现为 I 与 S、ΔM_s 与 ΔM_d 的交点往往不在一条水平线上，但在两者之间总可以找到一个点，使 $S-I = \Delta M_s - \Delta M_d$，这个点就是使 F_d 与 F_s 相等的借贷资金供求的均衡点 E，此点决定的利率是借贷资金供求均衡状态下的市场利率。它有两个特点：第一，市场利率仅表示借贷资金的供求平衡，而不一定表示 $S=I$ 或者 $\Delta M_s = \Delta M_d$。第二，市场利率与实际因素决定的自然利率经常是不一致的，但通过对商品市场和货币市场的调节作用能使自然利率接近或等于市场利率。

以上将比较重要的利率决定理论做了一个简单的介绍，从介绍中不难发现，无论是古典的利率决定理论还是现代的利率决定理论，其基本的出发点都是从资金的供给与需求出发来分析均衡利率的形成，而均衡利率一旦形成也就成为了资金供给方所要求的价格，同时也是资金需求方所必须支付的价格，从而达到了金融市场的均衡。

（二）非完全竞争市场上"经济人"行为分析

以上就完全竞争市场条件下的商品市场、要素市场及金融市场上"经济人"的选择行为做了分析，但是正如前面的分析中所看到的，完全竞争市场在很多情况下都只是一种比较理想的状态而已，在现实生活中，更多时候是处于一种非完全竞争市场条件下的行为选择，因此，下面将从非完全竞争市场的角度来分析"经济人"的行为选择。

与竞争相对应的是垄断，故与完全竞争市场相对应的就是完全垄断市场，而在现实生活中，这二种市场并不多见，更多的是介于这二种市场之间的市场形态。通常来说，竞争更多一些的，称之为垄断竞争市场，垄断更多一些的，称之为寡头市场。下面主要就商品市场及要素市场上"经济人"行为的选择来进行分析。

1. 完全垄断市场上"经济人"行为的选择

这里先来看看什么是完全垄断市场。垄断（Monopoly）其原意是把持和独占，作为一种市场形态的垄断，其主要意思就是指市场上只有唯一的卖方（或买方），其产品没有可替代性，也就是说除了买他的产品（或者卖给他产品）以外，别无选择。

此外，厂商要成为长久的垄断者，还必须要求进入该行业有很高的壁垒，使其他厂商不可能进入该行业，即使目前的垄断者享有巨额利润。由此总结出了垄断市场的三个基本特征：

第一，在一种产品市场上，该产品的全部销售量（需求量）只由一家企业所供给（需要），企业就是行业，其产品不能替代。

第二，垄断企业是价格的制定者，它可自行决定产品的产量和价格，并使自己的利润最大化。

第三，垄断可根据获取利润的需要在不同销售条件下实行不同的价格，即实行差别价格。

那么为什么会形成垄断呢？可以从以下四个方面来进行分析：

第一，规模经济。某些产品的生产具有十分显著的规模经济性，规模报酬递增阶段可以一直持续到很高的产量，以至于一家厂商来供应整个市场的成本要比几家厂商瓜分市场的生产成本低得多。在图像上，这种情况表现为：当单个厂商的长期平均成本曲线与市场需求曲线相交时还处于下降阶段，因此，厂商通过扩大生产规模能有效的降低平均成本。这种情况称为"自然垄断"，因为进入壁垒并非人为的因素。许多公用事业，如电力供应、煤气供应、自来水等都是典型的自然垄断行业。

第二，专利。专利是政府和法律容许的一种垄断形式，因为专利禁止了其他人生产某种产品或使用某项技术，除非经专利持有人的同意。一家厂商可能因拥有某种商品或其生产技术的专利权而成为该产品市场的垄断者，从而使其他厂商不能进入该市场。专利是对创新的保护，鼓励人们投资于研究开发，因为进行研发创造要投入大量的时间、人力和财力。例如，美国微软公司为研制"Windows 2000"操作系统费时4年，投入了10亿多美元的费用。但是，一旦新产品发明出来，仿制的成本要低得多，如果没有专利制度，那么谁愿意投资研发新产品呢？

第三，对资源的控制。如果一家厂商控制了生产某种产品所必需的资源，那么它往往就成为该产品市场的垄断者。最典型的例子是第二次世界大战前的美国制铝公司，该公司从19世纪末到20世纪30年代一直控制着全美铝矾土矿的开采，从而成为美国制铝行业的垄断者。

第四，特许权。有时候，政府通过颁发执照的方式限制进入某一行业的人数，如大城市出租车驾驶牌照等。还在很多情况下，一家厂商可能获得政府赋予的特许权，成为某一市场中某种产品的唯一供给者，如邮政、广播电话、公用事业等。执照和特许在一定程度上使行业内现有的厂商免受竞争从而具有垄断的特点，而作为交换的条件，厂商往往也受到政府对其产量、定价等方面的管理与控制。

案例研究 3-17：IBM 和美国政府的反垄断起诉。1969 年政府起诉 IBM 公司垄断了电脑市场。政府认为在美国销售的绝大部分电脑主机都由 IBM 生产的。而 IBM 认为，由 IBM 生产组装的各种类型电脑在市场上占据很小一部分。于是双方发生了控辩双方的争论。但是根据上述提到的垄断的特征和分析的方法来看：首先，在当时的技术水平下，IBM 在生产电脑主要的和关键性部件的技术取得了控制权。在获取专利权力之后，该种技术更具有排他的性质。其次，在掌握关键部件生产的前提下，IBM 在电脑行业实质成为了价格的制定者。电脑市场的众多电脑组装厂商和消费者成为了 IBM 的价格接受者。因此，不管 IBM 生产组装的各种类型的整机电脑在市场上的销售份额是不是很大，但实质上形成了自然垄断。所以，美国政府的反托拉斯起诉是正确的。

(1) 垄断市场上的均衡

在垄断市场上，一个厂商就是市场，也就是说，垄断厂商的需求曲线就是整个市场的需求曲线，如图 3-33，在图中的 D 即为垄断厂商的需求曲线。

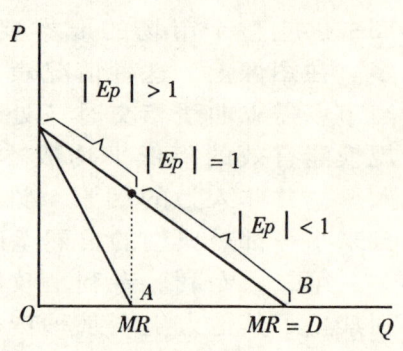

图 3-33
（垄断厂商的需求曲线与边际收益曲线）

此时假设垄断厂商的需求曲线为线性需求曲线，即有 $P = a - bQ$，两边都乘以数量（Q），即 $R = PQ = aQ - bQ^2$，这里的 R 表示总收益，两边对 Q 求导，即得到 $MR = a - 2bQ$，即可知边际收益的曲线也是一条线性的曲线，其斜率为需求曲线的二倍，在需求曲线的下方，即图 3-33 中的 MR 曲线。因此，边际收益与需求的价格弹性之间则存在如下关系：

$$MR = P(1 - 1/|E_p|)$$

从上式中可知，当需求为单元弹性时，边际收益为零；$MR = P$

$(1-1/|E_p|)$；当需求富于弹性（需求弹性绝对值大于1）时，边际收益大于零；当需求缺乏弹性（需求弹性绝对值小于1）时，边际收益小于零。为了更直观地比较价格和边际收益之间的关系，将这些曲线及关系表示于图3-33中。

图中需求曲线向下倾斜，边际收益曲线也向下倾斜并在需求曲线的下方，且斜率是需求曲线的2倍（这在前面已经说明）。如图所示：$OA=OB/2$，这一点可以这样理解：由于线性需求曲线的中点为单元弹性，上半部分富于弹性，下半部分缺乏弹性，因此，当产量小于A时，边际收益大于零；当产量等于A时，边际收益等于零；当产量大于A时，边际收益小于零。

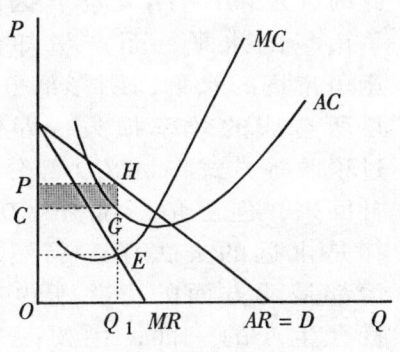

图3-34（垄断厂商的均衡）

那么，在垄断市场上，一个厂商如何达到其均衡呢，可以从图3-34中加以分析得出。

先看图3-34，在图中$MR=MC$决定了均衡产量为Q_1（因为我们知道，对任何一个理性厂商而言，当$MR>MC$时，此时意味着每增加一单位的生产成本，都能获得比成本更多的收益，此时厂商的选择必然是继续增加成本的投入，以获得更多的收益。随着投入的增加，在边际收益递减规律的作用下，MR必不断下降，当$MR<MC$时，此时意味着每增加一单位投入所带来的收益不足于弥补其成本的费用，厂商必然会减少其投入。因此，只有当$MR=MC$时，才能达到均衡产量），在此均衡产量下的成本为OC（图中的AC为平均成本曲线），而由于需求曲线为D，显然，在此产量下的产品价格就应为OP，从而厂商可以得到面积为$PCGH$的垄断利润。

显然，垄断厂商的垄断利润是由于其产品价格高于其生产成本所带来的，在完全竞争市场上，由于有大量的同质产品存在，产品高价所带来的超额利润必然会因为其他厂商的竞争而转瞬即逝，但在垄断市场上却能成为长久的现象，这是因为别的厂商无法进入该行业来分享利润。垄断厂商能够长期获取超额利润也是垄断市场的一大特色。

当然，垄断厂商并不总是一定能获得超额利润，在图3-34中，如果假设一下其边际成本曲线（AC曲线）向上移动，当其超过需求曲线D而达到其上方并与其没有交点时，此时在相同的均衡产量

Q_1下,厂商的成本就会大于产品的价格,垄断厂商就会产生亏损。

最后,将完全竞争市场和垄断市场的均衡作一比较。如图3-35,在完全竞争市场上的价格为B,产量为Q_2(因为在完全竞争市场上$MR=AR=D$),而在完全垄断市场上,价格为A,产量为Q_1,此时,$A>B$,$Q_1<Q_2$,因而在完全垄断市场上,价格高于完全竞争市场的水平,而产量却低于完全竞争市场的水平,阴影部分$ABDE$就是所造成的效率损失,即使可以通过税收等方式将$ABCD$部分的损失弥补回来,但三角形部分CDE的损失却是永远的失去了。当然,任何事情都是两方面的,垄断也有有利于社会生产的一面,主要表现为它有利于技术进步。当一家厂商拥有新产品的专利权而成为市场的垄断者时,实际上就是对知识产权的保护。如果是完全竞争,大家都进行仿制,那么也就没有人愿意化精力去研究开发新的产品了。

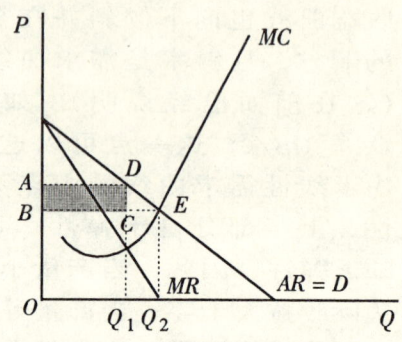

图3-35(垄断的社会福利损失)

案例研究3-18:垄断药品与无品牌药品。根据分析,垄断市场上的价格决定完全不同于竞争市场的决定方式。对这种理论的一种自然检验是药品市场,因为这个市场有两种结构。当一个企业开发了一种新的药品时,专利法使企业垄断了那种药品的销售。但最后企业的专利过期,任何公司都可以生产并销售这种药品。在那时,市场就从垄断转变为竞争。

当专利过期以后,药品的价格会发生变动。附图3-16表示一个典型的药品市场。在这个图上,生产药品的边际成本是不变的。(这对许多药品是接近正确的。)在专利存在期间,垄断企业通过生产边际收益等于边际成本的产量并收取大大高于边际成本的价格使利润最大化。但是,当专利到期时,生产这种药品的利润将鼓励新企业进入市场。随着市场变为竞争时,价格将下降到等于边际成本。

实际上,经验与理论是一致的。当药品专利到期时,其他公司迅速进入并开始销售所谓的无品牌药品,这种药品的化学成分与先前的垄断者的有品牌产品相同。而且,正如所预言的,竞争地生产的无品牌药品的价格大大低于垄断者收取的价格。

但是,专利到期并没有使垄断者失去全部市场势力。一些消费者仍忠于有品牌的药品,这也许是处于担心新的无品牌药品实际上与他们用了多年的药不一样。因此,以前的垄断者至少可以继续收取比新竞争者略高一点的价格。

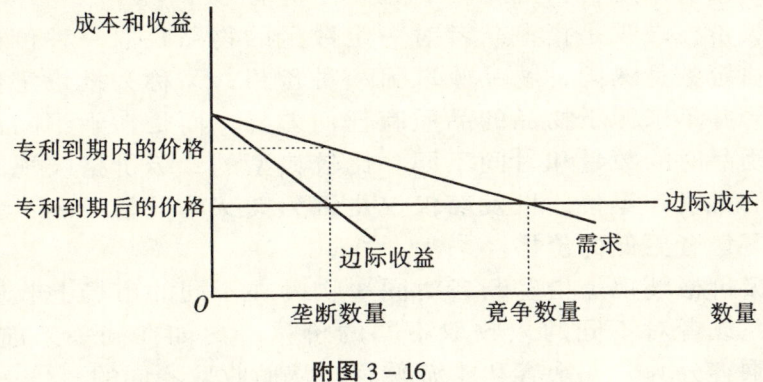

附图 3-16

(2) 垄断厂商的价格歧视

所谓价格歧视就是指垄断者对同一种物品向不同的消费者收取不同的价格。这种价格的差别并不是因为厂商提供的产品或服务有什么差异,而是由于接受这些产品或服务的消费者有所差别而引起的。在现实生活中这样的例子并不少见,比如在风景旅游点对外国游客和国内游客收取不同的门票价格;工业用水和生活用水的价格不同;电影院对学生实行优惠票价,对成人实行标准票价等等,都是在现实生活中实施价格歧视的例子,其目的是为了能够在一定条件下从部分消费者那里获得更高的利润。

(3) 价格歧视的种类

一般来说,价格歧视分为一级价格歧视、二级价格歧视和三级价格歧视三种。

一级价格歧视是指垄断者对每多出售一单位产品都收取不同的价格。也就是说,在向下倾斜的需求曲线上,每一单位的商品都对应不同的价格,显然,此时的消费者剩余将完全被厂商转化为垄断利润。

在实践中,一级价格歧视是很少见的。实行一级价格歧视的难处在于,厂商必须非常清楚地了解市场需求曲线,了解每一个消费者的最高买价。比较近似的情况是艺术品的拍卖市场,在这一市场中,当对所拍卖的艺术品有兴趣的消费者都在场的时候,通过消费者之间的相互竞价,每一件艺术品就都可能按其最高的价格出售。当然,每一件艺术品通常都是独一无二的,因此与完全同样的商品实行一级价格歧视是有所不同的。更为近似的例子较多地发生在医生、律师、会计师、建筑设计师等专业人员的服务中,他们中的每一个都可以看成一家"厂商",凭着他们对顾客的了解,或者通过讨价还价,他们能够估计出顾客愿意支付多少费用,从而可能按顾客的最高买价来定价,完成对于消费者剩余的占有。

二级价格歧视是指垄断者对一定数量的物品收取一种价格,而对另外一定数量的同种物品收取另一种价格,又称为批量定价。价格的差异并不来源于物品的品质有任何差异,而是在于不同消费者在购买物品时的数量和时间不同。比较典型的二级价格歧视的例子是商品的批发和零售,批发商仅仅是因为购买的数量更多,就可以得到比零售者更低的价格。

三级价格歧视是指垄断者对同一物品在不同的市场上收取不同的价格,或者对不同的人收取不同的价格,比如在同一条航线上,可以将乘客分为公务乘客和旅游乘客,从而收取不同的票价。

三级价格歧视在现实生活中比较常见,但要想实施三级价格歧视一般来说需要满足二个条件,一是市场的有效分割,二是各个市场具有不同的需求弹性。

市场的有效分割是实施价格歧视的一个重要条件,垄断厂商只有将不同的市场或者同一市场的不同部分有效的分割开来,才有条件来实施价格歧视,否则,在低价市场上的消费者就可以将相同的物品先买下来再拿到高价市场上去出售以获得收益,或者高价市场上的消费者就会集中到低价市场上去获得相同的物品,从而打破价格歧视。各个市场具有不同的需求弹性也是实施价格歧视的另一个重要条件,因为如果各个市场的价格弹性都一样,那么高价市场的需求就少,而低价的市场需求就多,当价格变动时,因为弹性相同,并不能带来总收益的增加,也就没有实施价格歧视的必要。因此,当各个市场具有不同的需求弹性时,可以在需求弹性低的市场实施高价策略,在需求弹性高的市场实施低价策略,以提高总收益。

在实践中,价格歧视可能有各种不同的形式,厂商还可按时间的不同来对市场进行划分。比方说,在新产品进入市场时,就可按产品进入市场的时期长短来区分市场。对任何一种新产品,消费者的偏好是不一样的,有些消费者喜欢标新立异,新产品价格再高,也会迫不及待地购买,对新产品的需求价格弹性较小;有些消费者则比较谨慎,当价格较高时他就会等待着降价,对新产品的需求价格弹性也就较大。因此,许多新产品在刚刚进入市场时定价相当高,但在进入市场一段时间之后 却以较大幅度降价销售,这就是针对两种不同类型的消费实行了价格歧视。这种方法也称为"时期间的差别定价",在现实生活中用的相当多。比如电子产品,一块新型的台式计算机的图型显示卡刚上市的时候可能定价上千元甚至几千元,可一段时间过后就会降到几百元,而性能基本上无甚差异;又比如当新款手机上市时(特别是一些大公司的高端产品),价格可能会达到四五千元甚至更多,但只要约一年后,价格往往会降到原来的一半甚至更低。

价格歧视是好是坏很难判断,因为与单一价格相比,价格歧视损害了低需求弹性组消费者的利益,而有利于高需求弹性组消费者。通常来讲,低收入者比高收入者对价格更敏感(需求弹性更高),如果这样的话,价格歧视可能会得到许多人的赞扬。价格歧视经常出现在国际贸易中的倾销。由于国际市场需求弹性一般要大于国内售价。

案例研究 3-19:垄断者为什么想实行价格歧视。现在设想你是一家出版公司的总裁。你的一个畅销书作者刚刚写完他最新的一本小说。为了使事情简单化,设想你为出版这本书的排他性权利向作者支付了固定 200 万美元。再假设印刷该书的成本为 0。因此,出版公司的利润是从销售书中得到的收益减去支付给作者的 200 万美元。在这种假设之下,作为总裁的你该如何决定书的价格呢?

你确定价格的第一步是估算这本书可能的需求量。公司销售部告诉你,这本书将吸引两种读者。该书将受到作者 10 万名崇拜者的欢迎。这些崇拜者愿意为这本书支付 30 美元之多。此外,这本书将受到约 40 万不太热心的读者欢迎,他们将愿意为这本书支付到 5 美元。

什么价格能使得公司的利润最大化呢?自然会考虑到两种价格:出版公司能得到 10 万名崇拜者的最高价格是 30 美元,而能得到整个市场 50 万名潜在读者的最高价格是 5 美元。解决这个问题是一个简单的数学问题。在价格为 30 美元时,出版公司出售 10 万本,收益为 300 万美元,而市场利润是 100 万美元。在价格为 5 美元时,出售 50 万本,收益为 250 万美元,获得利润 50 万美元。因此,出版公司通过收取 30 美元并放弃出售给 40 万名不太热心读者的机会而使利润最大化。

2. 垄断竞争市场的"经济人"行为选择

首先在讨论垄断竞争市场之前还是先来看看垄断竞争市场的特点是什么。

第一,存在产品差别。这里的产品差别是指同一类产品有不同之处。不同种类的产品自然存在差别,在垄断竞争市场中所讨论的产品差别主要是针对同类产品而言的。这种差别的产生主要基于以下原因：一是产品之间的内在品质不同，如由于技术或原材料等的不同因而功效不同；二是产品的外观形象不同，如由于包装、商标等不同因而功效不同；三是产品的经济空间不同，如产品的产地和销售地的地理位置及产品市场距消费者的远近不同；四是产品的推销方式不同，如广告、售后服务等方面的不同。另外还有消费者对客观上完全相同的产品存在的主观评价不同等等。总之，产品差别可来自产品有形的或虚构的差别。

既然存在产品差别，产品之间就难以完全替代，因而垄断竞争市场具有一定的垄断性，垄断程度与产品差异程度呈同方向变动关系；既然这里的产品差别是同类产品之间的差别，产品是必然存在一定的替代关系，因而垄断竞争市场也具有一定的竞争性，竞争程度与产品的替代程度呈同方向变动。因此，产品差别是垄断竞争市场形成并存在的决定性因素。

第二，厂商进出行业比较容易，从而厂商数目也比较多。在垄断竞争行业内，产品的性质决定了厂商规模一般不是很大，投资建厂所需资金也不是太多。建设一个生产打火机的工厂与建设一个生产飞机的工厂相比，所需投资和建设规模天壤之别。因而前者处于垄断竞争行业而后者处于寡头垄断行业。

第三，厂商对产品价格略有影响力。垄断性使厂商能够在一定范围内拥有价格自主权，而竞争性又使得这种自主权变得十分有限。当他提高产品价格时，他会失去一部分但不是全部顾客；当他降低产品价格时，他会得到更多但远远不是全部顾客。

在现实生活中，垄断竞争市场更加贴近于实际，许多与生活密切相关的行业，比如日用品、食品、服装、零售业等等，都处在垄断竞争的市场之中。

（1）垄断竞争市场的需求曲线

由于垄断竞争厂商的产品是有差别的，对其产品具有一定程度的垄断能力，因此垄断竞争厂商所面对的需求曲线也不像完全竞争厂商那样是一条水平线，而类似于完全垄断厂商是一条向右下方倾斜的曲线；又由于垄断竞争厂商的产品之间具有很强的替代性，面临市场竞争的压力，故也不像垄断厂商那样是整个市场的需求曲线，而是一条向下倾斜、相对平坦的需求曲线。为了更好地分析垄断竞争的市场均衡，对垄断竞争厂商的需求曲线还有两个假定，由于这两个假定产生了垄断竞争的两条不同的需求曲线。

第一，当某厂商降价时，它设想其他厂商都不会采取降价措施。这样,该厂商不仅可能增加对原有顾客的销售量,而且还能把较多的顾客从其他厂商那里吸引过来,厂商的销售量有可能得到较大幅度的增加。这种情况用图 3-36 的需求曲线 d 表示。d 需求曲线较为平坦,表示需求弹性较大,厂商一旦降价可以增加很大的销售量。由于 d 曲线出现的情况仅存在于厂商的假想之中,故也称为主观需求曲线。

第二,实际上当某厂商降价时,其他厂商也会做出同样的反应。这样,该厂商就无法从其他厂商那里吸引新的顾客,而只可能增加原有顾客的销售量,但这一增加的销售量是很有限的,反映在图 3-36 中就是 D 曲线。D 需求曲线较为陡峭,表示需求弹性较小,厂商一旦降价可以增加的销售量有限。由于假定行业中所有厂商的销售量都以同样

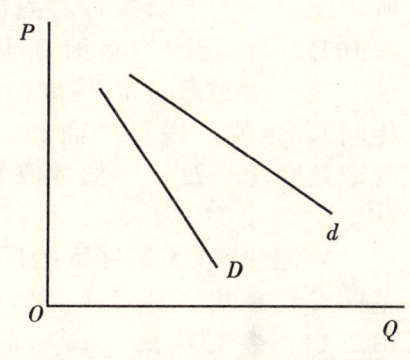

图 3-36 (主、客观需求曲线)

幅度增加,那么,每家厂商所占有的市场将不会改变,因此 D 曲线也被称为客观需求曲线。

(2) 垄断竞争条件下的厂商短期均衡

垄断竞争厂商和其他类型的厂商一样,按照 $MR=MC$ 的基本原则来实现利润最大化,但由于垄断竞争市场的特殊性,达到均衡的过程又会和其他市场有所区别。

如图 3-37 所示,假定某厂商一开始的产品价格为 P_0,销售量为 X,价格和产量的组合点为 E。此时,厂商认为如果降价其他厂商不会做出反应,因此他想象的主观需求曲线为 d_0,相应的边际收益曲线为 MR_0,于是按利润最大化原则将价格降至 P_1,并预计销售量将大幅度增加到 Y'。但实际上市场上的其他厂商不会无动于衷,而也会与他一样采取相同的降价策略,因此,此时真正的客观曲线为 D。按照 D 曲线,

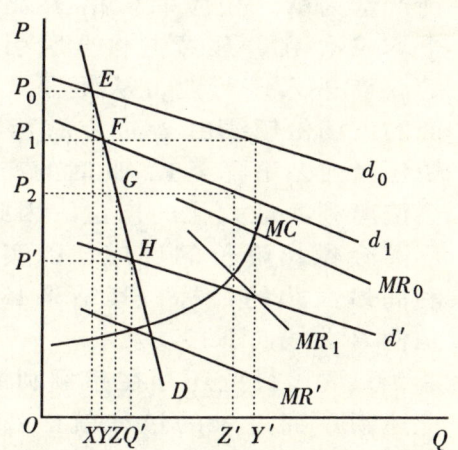

图 3-37 (垄断竞争的短期均衡)

厂商实际销售量只能从 X 增加到 Y,组合点由 E 点移动到 F 点,厂

商仍然没有达到利润最大化。在新的组合点 F 上,该厂商心目中的需求曲线为 d_1,边际收益为 MR_1,为实现利润最大化,它必然再次降价至 P_2。与前面相似,由于其他所有厂商也会采取同样的降价策略,使得该厂商并不能增加销售量至 z',而只能增加到 Z,组合点移动到 G 点。上述过程将继续下去,该厂商不断地削减价格,而行业的其他厂商也同时降价,使利润最大化的产量与按客观需求曲线所确定的产量不断接近。当价格下降到 P' 时,由利润极大化($MR' = MC$)所确定的产量恰好等于两条需求曲线的交点 H 所对应的产量(交点 H 说明厂商想像中的销售量和按市场份额所获得的销售量相同),也就是说,厂商利润最大化的产量与客观需求曲线所确定的产量完全一致,厂商才真正实现了利润最大化,达到了均衡产量 Q'。

3. 垄断市场条件下的厂商长期均衡

在长期中,由于厂商可以自由进出,会对厂商的需求曲线造成影响。新厂商的进入会导致行业内厂商数目增加,使每一家厂商的市场份额减少,从而使客观需求曲线 D 左移;而行业内现存厂商的退出结果相反,则会造成 D 曲线的右移。假定短期均衡中的厂商如图 3-38 所示,短期均衡产量为 X,相应的价格 P 高于平均成本 AC,显然这将会吸引新的厂商进入该行业,从而导致厂商的市场份额线由 D 向左移至 D' 销售量由 X 下降至 Y,此时的产量会偏离利润最大化的产量。因此,厂商会做出降价的反应,以实现利润最大化的目标,其结果必然是使 d 曲线向下移动。

只要该行业还存在超额利润,上述新厂商进入的过程就必然会持续下去,直到超额利润完全消失。厂商最后会达到的长期均衡状态如图 3-39 所示。在长期均

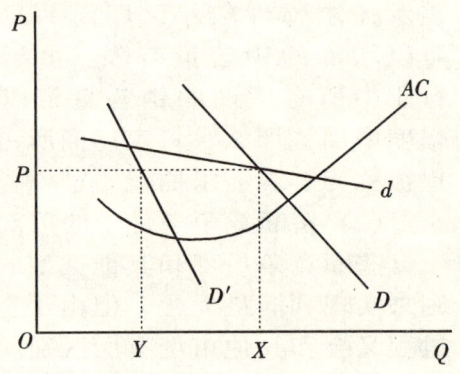

图 3-38 (垄断竞争厂商市场份额移动曲线)

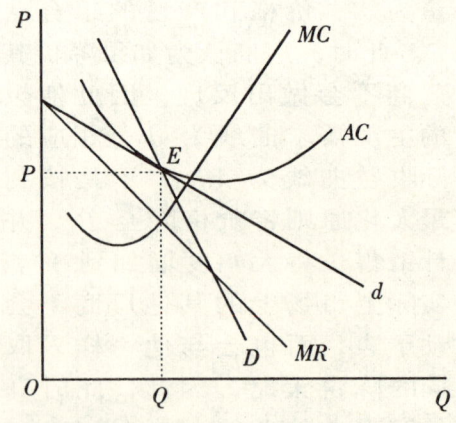

图 3-39 (垄断竞争厂商的长期均衡)

衡中，当均衡价格为 p 时，客观需求曲线 D 在 E 点与 d 曲线相交，表明厂商实际产量与计划产量相符合；E 点所表明的是对应的产量 Q 恰好就是由边际收益 MR 等于边际成本 MC 所确定的产量，表明厂商达到利润最大化，这些都和短期均衡没有区别。唯一不同之处在于，主观需求曲线 d 与平均成本曲线 AC 相切于 E 点，表明此时厂商的利润为零，在这样的情况下，既没有新厂商愿意进入，也没有老厂商会退出，厂商数目达到均衡，需求曲线不再移动。

4. 垄断市场的福利损失

在前面的完全竞争市场的长期中可以看到，厂商总是将产量调整到长期平均成本曲线的最低点，从而使资源得到了最充分的利用。而从图 3-39 中却发现，由于与 AC 曲线相切的需求曲线是向下倾斜的，由数学知识可以知道，此切点总是在这条曲线的下降阶段，也就是说还没有达到这条曲线在这一单调区间内的极小值，也就是说此时垄断竞争厂商的长期均衡是处于平均成本的下降阶段上，故成本并未达到最小。由于行业内厂商人数众多，每个厂商都未能充分利用生产资源，从而造成了生产资源的浪费。

如果只是从纯粹的理论角度来看，生产能力过剩而造成的资源浪费是垄断竞争市场的一个重要缺陷。但如果从实际生活中来看，完全竞争市场却不见得就好于垄断竞争市场。因为在完全竞争市场消费者所面对的是完全一样，毫无特色可言的商品，对多数人来说，这简直就是不可忍受的，而在垄断竞争市场上，却可享受丰富多彩的商品，虽然损失了一部分效率，但总的来说应该还是值得的。

参考资料[①]：过剩生产能力是个社会问题吗？正如所说明的，垄断竞争企业生产的产量低于平均总成本最小时的水平。与此相比，完全竞争市场上的企业使生产达到平均总成本最小的产量。这种完全竞争和垄断竞争之间的对比，过去曾使一些经济学家认为，垄断竞争者的过剩生产能力是无效率的一个来源。

现在经济学家懂得了，垄断竞争者的过剩生产能力与评价经济福利并没有直接关系。没有什么理由认为社会应该希望所有企业生产平均总成本最低的产量水平。例如，考虑一个出版企业，生产一本小说需要固定成本 5 万美元（作者的时间），以及可变成本每本书 5 美元（印刷成本）。在这种情况下，一本书的平均成本随着其数量的增加而减少，因为固定成本分摊到越来越多的单位上。可以通过

---

① 曼昆，《经济学原理》，北京大学出版社，2000 年版，第 384 页

印刷无限量的书来使平均成本最小化。但对社会来说,生产书的正确数量为无限时是毫无意义的。

简而言之,垄断竞争者有过剩生产能力,但这个事实并没有说明市场结果的合理性。

5. 寡头垄断市场上"经济人"行为的选择

顾名思义,寡头就是指数量很少,寡头垄断市场就是指厂商数量相对很少的市场,其特点主要有以下几点:

第一,厂商极少,新的厂商加入该行业非常困难。飞机制造业就是个典型的寡头市场,其进入成本之高,基本上可以说是堵死了新进者之门。

第二,产品之间既可同质,也可存在差别,厂商之间同样存在激烈的竞争。汽车制造业同样也是一个寡头市场的典型例子,在这一市场上,大家的产品既可以是相互替代的(如果宝马车的售价低于20万,或许现在国内中档车的生产商就都要面临关门的危险),同时也存在很强的个性,从外观到性能都存在着差异,有些还是比较大的差异,而且现在几乎所有的汽车厂商都面临着很强的竞争。

第三,厂商之间相互依存。这是寡头市场的一个重要特征,说的是在寡头市场上一个厂商要做出某项决策时,往往需要考虑对手会做出何种反映。

第四,厂商的行为具有不确定性。由于在寡头市场上厂商之间存在相互依存的关系,因此一个厂商做出决定后,其决策的效果往往与对手的反应有关,而由于对手的反映也是不确定的,这就导致了厂商行为的不确定性。

寡头垄断在现实生活中具有很多鲜活的例子,而且与其他市场形态不同,不仅在一国的市场内有很多寡头垄断厂商的例子,就是在国与国之间也不乏这样的情况。正因为如此,寡头垄断也就是经济学家研究的一个主要对象,在这里,简单的介绍一下几个寡头垄断的模型。

(1) 古诺模型

古诺模型(Cournot duopoly model)是以19世纪法国经济学家和数学家古诺(Augustin Cournot)的名字命名的。反映的是在寡断竞争市场的条件下,当此市场的厂商只有两个时,双方互为竞争对手,在满足下列条件时,古诺模型会存在。

1. 是双寡头市场,每个寡头都以利润最大化为目标;
2. 双方进行的均是产量竞争而非价格竞争;
3. 双方都假设对方产量不变,并以此为既定量来确定自己的产量；

4. 双方无勾结行为，也就是说在市场上双方是以竞争为主；

5. 边际成本为零（在有些条件下也可以不成立）

在古诺模型假设条件成立的情况下，寡头厂商会得到怎样的产量呢，下面就来加以推导：

设某厂商的需求函数为 $P = a - bQ$（其中 a、b 为常数，Q 为双寡头的共同产量，即市场需求量）

∵ $Q = Q_A + Q_B$

∴ $P = a - b(Q_A + Q_B)$

某厂商的利润分别为 $\pi_A = PQ_A = aQ_A - bQ_A^2 - bQ_AQ_B$

$$\pi_B = PQ_B = aQ_B - bQ_B^2 - bQ_AQ_B$$

分别对 Q_A、Q_B 求偏导数，得 π_A、π_B 的最大值，则有，

① $\pi'_A = a - 2bQ_A - bQ_B = 0$
② $\pi'_B = a - 2bQ_B - bQ_A = 0$

连立，解之得 $\begin{cases} Q_A = \dfrac{a}{3b} \\ Q_B = \dfrac{a}{3b} \end{cases}$

此时产量为 $Q = Q_A + Q_B = \dfrac{2}{3} \cdot \dfrac{b}{a}$，根据 a、b 的值即可求出 Q 的值

这里的①、②称为 A、B 厂商的反映函数，表明其产量是其竞争对手产量的函数。

推广：如果是 n 个厂商的情况有 $Q_n = \dfrac{n}{(n+1)} \cdot \dfrac{b}{a}$

当时 $n = 1$ 时，$Q = \dfrac{1}{2} \cdot \dfrac{a}{b}$ 此时表明的是完全垄断市场的情况

当时 $n \to \infty$，从 $\lim\limits_{n \to \infty} \dfrac{n}{(n+1)} \cdot \dfrac{b}{a} = \dfrac{b}{a}$ 可知 $Q = \dfrac{a}{b}$ 此时表明的是完全竞争市场的情况

从上面的分析可以看出 $\dfrac{a}{b} > \dfrac{2}{3} \dfrac{b}{a} > \dfrac{1}{2} \dfrac{a}{b}$，这也从另一个角度说明了完全竞争市场条件下产量最高，完全垄断市场条件下产量最低。

（2）折弯的需求曲线模型

折弯的需求曲线模型（kinded demand curve）是由美国经济学家保罗·斯威齐（Paul Sweezy）建立，说明寡头市场上存在价格粘性的原因，即价格变动慢的原因。这一模型认为，如果一个寡头价格上升，其他寡头不会追随，而如果一个寡头价格下降，其他寡头也会这样做。这就说明，寡头市场上价格有向上的粘性（即价格不易向上）。

下面从图形的角度来看看为什么价格是具有粘性的。如图3-40，由上述分析可知，在均衡点 E 点的价格上方，需求曲线较有弹性，此时厂商的提价将会引起其市场份额的大幅度下降，而在 E 点的价格下方，需求曲线较缺乏弹性，此时厂商的降价却不会对提高产品销量有多大帮助。因而需求曲线在 E 点处出现了弯曲，变成了 D_1、D_2 两条需求曲线。由于这一原因，必须引起 MR 曲线

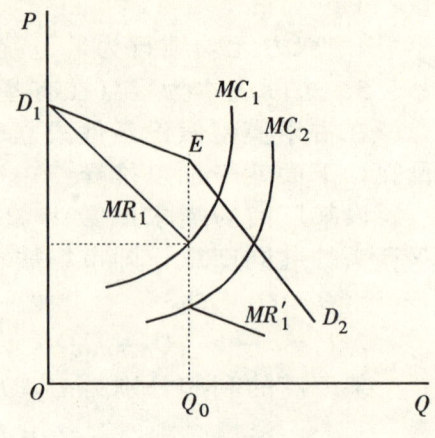

图3-40（折弯需求曲线）

在 E 点出现间断。如图 MC_1、MC_2 分别穿过 MR_1 与 MR_1' 之间的空隙部分，这表明，当边际成本在 MC_1 与 MC_2 之间的空隙部分时，都符合厂商 $MR=MC$ 的利润最大化原则，因而，当成本变动不大时，也就是说不超过 MC_1 与 MC_2 之间范围的情况下，厂商就不会轻易的调整其产品的价格，这就是产品价格具有粘性的原因。

古诺模型和折弯的需求曲线模型都是假定寡头厂商之间不进行相互串通，故二者也称为非串谋的模型。在古诺模型中，厂商总是假定对手不采取任何反应行动，即对方不改变其既定产量，因而称之为"乐观主义"者；而在折弯的需求曲线模型中，则是假定厂商总是预言对手将采取对自己不利的反应行动，所以寡头厂商也可以称之为"悲观主义"者。

（3）价格领导模型

上述两个模型所讨论的是寡头厂商没有串谋的情况，但在实践中，由于寡头行业中的厂商个数较少，厂商之间的相互依存性可能被认识到，因此串谋就有可能而且也有条件被做到。寡头者之间的串谋可以是公开的或正式的，也可能是秘密的或非正式的。由于正式的串谋在不少国家都被本国法律所禁止，故寡头厂商更多的是采取非正式的串谋行为。这种串谋行为通常是同行业的厂商共同遵守一些公认的"行为准则"，如承认削价倾销是违反商业道德的；相互尊重对方的市场份额和销售范围；使用同一种方法制定价格；认可竞争行为的某些惯例等等。非正式串谋中一种主要的形式是价格领导模型。

价格领导是指行业中的一个或极少数几个大厂商开始变动价格，其他厂商均随之变动。

价格领导的厂商一般是根据其地位和实力或市场来确定或变动价格，其他厂商则随之采取同样的行动。其所以如此，并不是因为他们之间存在合谋，而是出于各自追求最大利润的需要。如果价格领导厂商推出涨价措施，其他厂商不涨价，就等于实际减价。因此，一些竞争能力弱或预测能力差的较小厂商，为了自身的利益，会自觉或不自觉地接受价格领导厂商确定或变动的价格。

根据价格领导厂商的具体情况，价格领导可分为晴雨表型的价格领导和支配型的价格领导。

晴雨表型的价格领导是指晴雨表型厂商根据市场行情首先宣布能够合理而准确反映整个行业成本和需求情况变动的价格，其他厂商则按这一价格对自己的价格进行调整。晴雨表型厂商并不一定是行业中规模最大、效率最高的厂商，但它熟悉市场行情，能代表其他厂商的愿望，所以能够成为其他厂商的追随者。

支配型的价格领导是指销售占市场容量较大比重、地位稳固、具有支配力量的大厂商，根据自己利润最大化的需要和其他厂商希望销售的全部产量确定和变动价格，其他中小厂商则以这一价格作出它们的需求曲线，并按照边际成本等于价格的原则确定均衡产量。在这种情况下，中小厂商可以出售他们所愿意提供的一切产品，市场需求量与小厂商产量的差额由支配型厂商补足。

(4) 卡特尔模型

卡特尔就是寡头垄断厂商用公开或正式的方式进行相互勾结的一种形式。它是一个行业的独立厂商之间通过有关价格、产量和市场划分等事项达成明确的协议而建立的垄断组织。卡特尔的主要任务有二个：一是确定同质产品的价格和总产量，二是将产量在各个卡特尔成员之间进行分配。

卡特尔能否有效控制价格与产量取决于二个因素：卡特尔对市场的垄断力以及卡特尔成员是否遵守协议，其中第一条最为重要。卡特尔的市场占有份额越大，需求价格弹性越小，非卡特尔成员的供给弹性越小，卡特尔的垄断力就越大，卡特尔就越有效。

在卡特尔的产量和价格方面，可以将整个卡特尔看作是一个完全垄断厂商，因而他的均衡产量就与完全垄断市场相一致。如图3-41，产量为 Q_0，价格为 P_0，然后就是在成员中对产量 Q_0 进行分配。

但在现实中，卡特尔往往是不固定的，如图3-42，Q_0 是卡特尔规定的产量，P_0 为价格。此时由于 $MC \neq MR$，不是该卡特尔厂商的最大生产量点。如果此时它退出卡特尔，价格由 P_0 降至 P_1，产

量由 Q_0 上升至 Q_1。由于此时的产量是由 $MC = MR$ 决定的，故，如果其它卡特尔成员不退出，则他将获得最大利润。如果其它卡特尔成员退出，则卡特尔解体。

一般来说，卡特尔在一个国家的内部是非法的，因此，人们比较熟悉的卡特尔的例子是在国际上的，即石油输出国组织（$OPEC$），这就是一个典型的卡特尔。

案例研究 3－20：欧佩克和世界石油市场。世界上大部分石油主要是少数国家，主要是中东国家生产的。这些国家在一起组成一个寡头市场。世界石油的大部分生产国家形成了一个卡特尔，称为世界石油输出国组织（$OPEC$）。在1960年初成立时，欧佩克包括伊朗、伊拉克、科威特、沙特阿拉伯和委内瑞拉。到1973年，又有其他八个国家加入：卡塔尔、印度尼西亚、利比亚、阿联酋、阿尔及利亚、尼日利亚、

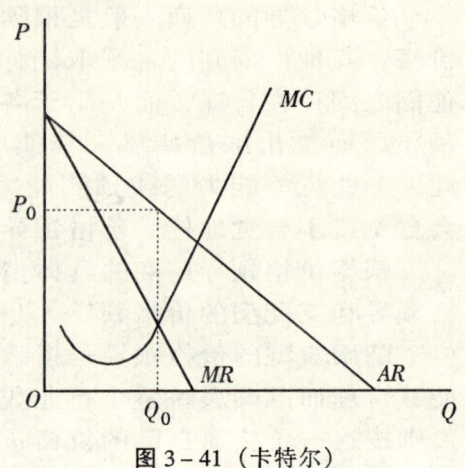

图 3－41（卡特尔）

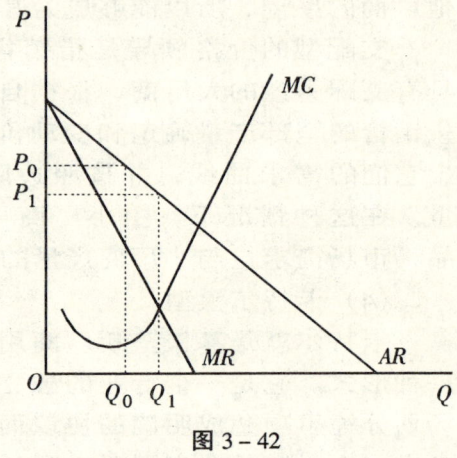

图 3－42

厄瓜多尔和加蓬。这些国家控制了世界石油储藏量的四分之三。正如任何一个卡特尔一样，欧佩克力图通过协调减少产量来提高产品价格。欧佩克努力确定每个成员国的生产水平。

欧佩克面临的问题是：欧佩克想维持石油的高价格，但是，卡特尔的每个成员都受到增加生产以得到更大总利润份额的诱惑。欧佩克成员常常就减少产量达成协议，然后又私下违背协议。、

在1973年到1985年，欧佩克最成功地维持了合作和高价格。原油价格从1972年的每桶2.64美元上升到1974年的11.17美元，然后在1981年又上升到35.10美元。但在80年代初各成员国开始扩大成产水平，欧佩克在维持合作坊面变得无效率了。到了1986年，原油价格回落到每桶12.52美元。

现在，欧佩克成员继续每两年开一次会，但卡特尔在达成或实

施协议上不再成功了。结果，欧佩克成员主要是相互独立地做出生产决策，世界石油市场是相当有竞争性的。根据总体通货膨胀而调整原油价格现在已与欧佩克成立前一样。

参考资料：欧佩克中的争执[①]

案例研究 3-20 已经对欧佩克组织进行了一个简单的介绍，也了解到欧佩克和大多数的卡特尔一样，在达成与实施其成员国之间的协议上遇到了麻烦。下文描述了 1996 年当联合国允许伊拉克回到世界石油市场时，欧佩克所遇到的问题。

预计欧佩克会拖延伊拉克增加石油产量的议案

尤素福·M·易卜拉欣

维也纳——在这里举行的石油输出国组织会议今天看来又瘫痪了。会议僵持着：如果不能降低其 11 个成员国的产量，石油价格肯定下降。成员国拒绝削减自己现有市场份额。

因此，欧佩克目前可能提出，但并未确定的解决办法是，在没有其他国家抵消性减产的情况下允许伊拉克日产石油 80 万桶左右。联合国在 5 月通过的提案中允许伊拉克立即恢复在波斯湾战争后被中断的石油出口。

两个最大的产油国沙特阿拉伯和委内瑞拉现在分别日产原油 840 万桶和将近 300 万桶，尽管欧佩克其他成员国要求他们减产，但他们明确地表示不减产。

在 1990 年巴格达受到联合国禁运制裁之后，沙特阿拉伯取代了伊拉克，长期以来其出口量每天增加了 300 万桶，尽管伊拉克已逐渐恢复到原来的产量水平，但看来沙特采取了一条新的强硬路线。

伊拉克石油部长阿默尔·穆罕默德·拉什迪（Aner Mihammad Rashid）说，他的国家将在 10 天内签署第一个销售合约。伊拉克扬言要使石油翻一番，并最终增加 3 倍。拉什迪先生预计销售会加速增长。实际上许多石油公司经理已经在与拉什迪的助手谈判。

据记者报道，曾担任前伊拉克空军司令的拉什迪先生说，在 3 个月之内出口可以达到每天 120 万桶——远远高于欧佩克估计的每天 70 万桶到 80 万桶。如果他说得对，额外的产量又会增加价格下降的压力，也许降到 1 桶 3 美元左右。

拉什迪先生还说，联合国的决议是通向 6 个月之内全面解除禁运的"桥梁"。然后，他断言，伊拉克的生产可以达到战前每天 300 万桶的水平。据了解两个安理会成员法国和俄罗斯都支持全面解除

---

① 曼昆，《经济学原理》，北京大学出版社，2000 年版，第 358 页

禁运。

  这种发展对伊拉克和全世界消费者来说是一个财源,但对像委内瑞拉这样正处于严重危机之中的一些面临困境的欧佩克成员国来说真是一场灾难。

第四篇

"经济人"行为的外部不经济与政府干预

> 尽管市场实际上是经济学研究的全部内容,但是经济学家以及其他社会科学家和政策分析家却常常对其表现出一种十分矛盾的心理。一方面,正如微观经济学的价格理论所反映的一样,完美的市场优点为人们所称颂。另一方面,市场明显的不足也在正式的"市场缺陷理论"中被不厌其烦地罗列出来。
>
> ——查尔斯·沃尔夫(Wolf, Charles, Jr.,《市场或政府》)

在前面,我们用了很大的篇幅讨论了"经济人"在一个市场中进行自己的选择活动从而达到自己的效用目标。并提出,市场是组织经济活动的一种好方式,在"无形的手"的作用下,市场对稀缺的资源进行着有效率的配置。"经济人"通过对自我收益和成本的分析,联系社会现实的道德情操、法律观念等做出最符合自身的选择。通过对最大收益的追求,"经济人"的社会活动以一种不自觉地方式使整体社会的福利达到最大。

因此,从单纯的理论上来分析,经济在一定的道德环境和法律基础上应该是自由放任的,可以不借助任何外力进行干预就能实现和谐的均衡。然而现实社会却不是物理实验室中完全"真空"的理想社会。首先,完全竞争市场在现实中无处可寻,市场中获得有效的信息是要付出成本的。信息的不完全性和不对称性,使得"经济人"理性有界了,对现实情况的得失不能做出精准计算,"最大化"的选择目标难以实现;其次,道德标准的缺位,会使得"经济人"的"无意识的损人利己"的自我约束成本减少,加大了人与人之间的"摩擦成本",从而社会的"道德风险"扩大;再有,如果法律不健全,以及违法的监督、惩罚制度乏力,就会导致"故意的损人利己"和"非法获利"的收益远远大于惩罚成本,所以由成本收益驱动的"经济人"就会选择反道德、反法律的行为;最后,垄断、国内经济增长的极限、经济本身的周期性波动,以及国民收入分配上的效率与公平问题、通货膨胀和失业等因素导致了市场失灵和无效率。

市场失灵(Market Failure)是指完全竞争的市场机制在很多场合下不能导致资源的有效配置,不能使社会福利达到最佳状态。外部效应是在市场活动中的额外成本和额外收益,通俗地说是指一个人的行为对旁观者的福利影响,例如一个人在抽烟的时候,这个抽烟的人在享受香烟给自己带来精神愉快的时候却给不抽烟的旁观者带来了福利的损失,即吸二手烟也危害身体健康。如果外部效应带来收益,或对旁观者的影响是有利的,那么称为"正外部性"或者"外部经济";如果外部效应带来的是损害,或对旁观者的影响是有害的,如汽车排放废气,那么称为"负外部性"或"外部不经济"。存在外部性的时候,社会对市场结果的关注扩大到超出市场中的买卖双方的福利,它还包括第三方的福利收益或者损失。由于消费者和厂商在决定消费和生产的时候,不会考虑他们做出的决策和付出的行动是否带来外部性的问题。因此,存在外部性的市场均衡不是最有效率的,也就是说无论是正外部性还是负外部性都不能使整个社会的资源进行合理的配置。

由于市场失灵的存在,政府就有对市场干预的充分的理由。那么市场失灵有哪些方面的表现,政府又通过什么方法进行经济干预呢?

市场失灵的表现有以下几方面:

第一,垄断。因为在垄断和其他不完全竞争市场中,厂商往往以大于边际成本的价格投放垄断产品,其结果必然是生产资源不能达到最佳利用,出现低效率的市场资源配置,使得整体的社会福利遭受损失。对此,一般情况下,政府可以通过实施公共管制,从整个社会效率和福利的角度规定产品价格和收益率;并在垄断部门建立公共生产等两种方式介入对经济的干预。

第二,信息不对称。在分析完全竞争市场时,首先对完全竞争市场做出了前提假定，其中重要的一条就是：在完全竞争市场中，交易双方的信息是完全充分的。然而，在现实经济生活中，由于"经济人"的有界理性和获取信息渠道的限制，交易双方的信息不能完全掌握。为了能够使得交易顺利进行，交易双方必须通过各种途径了解和掌控交易对方的信息，并试图通过各种手段包括法律和道德等手段来规避信息不对称所带来的负面影响。这样一来，交易成本大大增加，甚至导致交易的终止。信息的不对称引起了在资源配置方面的低效率，社会福利遭受损失。为降低交易成本，弱化信息不对称对市场经济带来的影响，政府可以提供社会性的服务即公共服务，例如政府向社会提供有关商品的供求状况、价格趋势、宏观经济运行前景等资料。

第三，外部效应。前文提到，存在外部性市场均衡不是最有效率的，不论是正外部性还是负外部性都不能使整个社会的资源进行合理地配置。

第四：公共物品和搭便车现象。

下文将对政府干预经济的一些重要手段和方法进行分析。

一、市场需求、供给和政府的价格控制

价格控制是政府直接干预市场的一种重要手段，能实现政府对供给或者需求的单方面控制，也是政府在现实生活中对利益分配的一种调剂手法。价格控制主要有价格上限和价格下限两种方法。价格上限是指政府制定的一种商品可以在市场上销售的法定最高价格；价格下限是指政府制定的一种商品可以在市场上销售的法定最低价格。一般情况下，政府在确定其价格手段时，必须对该种物品做出详细的调查，研究该物品在现实市场中的供需状况和均衡，才能制定有效的价格控制手段。因此，价格控制往往存在失灵的情况。

现在，以案例的方式进行分析价格控制。

（一）价格上限如何影响市场

政府为了维护家庭的利益，对鸡蛋市场实施价格上限的时候，即采用最高限价的方法进行干预，会出现两种效果，其一是价格上限发生作用，直接影响市场；另一是价格上限失效。如图4-1和图4-2：

当政府实施如图4-1中的价格上限 P_1 时，结果会发现此时的价格上限没有影响到市场均衡，对鸡蛋的社会总供给和总需求不能发生直接作用，反而使家庭在面对 P_1 价格时，不得不把需求量减

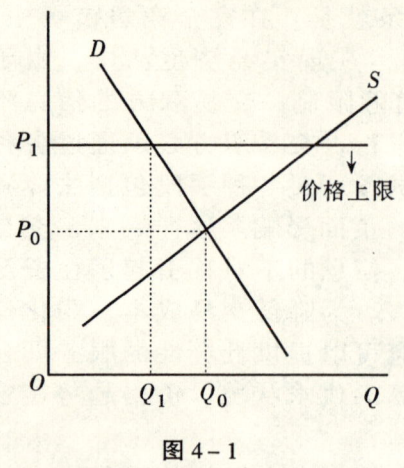

图 4-1

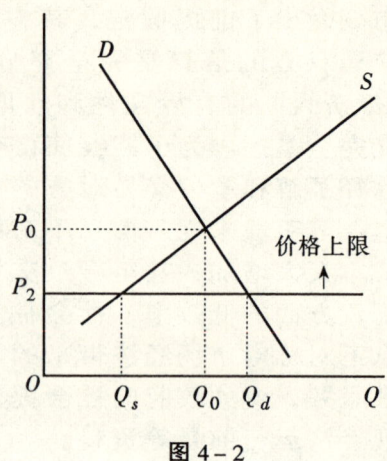

图 4-2

少到 Q_1，这样，对家庭的政策支持无效。于是政府进行市场调查，继而制定了低于市场均衡价格 P_0 的价格上限，即 P_2。（图 4-2）。从图上可以看出，当价格上限在 P_2 的位置时，由于价格上限是法定的，具有强制性，厂商不得不接受这样的价格作为市场销售的最高价格。此时，伴随着价格的下滑，厂商的供给意愿会下降，于是市场的总供给量下降为 Q_s；同时，由于价格的下降，鸡蛋的需求增加，于是市场总需求量增加到 Q_d。这样家庭过去购买鸡蛋的支出，如今有了买到更多鸡蛋的可能性，从而家庭的货币购买力提高了，福利水平也就上升了，但问题是市场上会有多少鸡蛋按照 P_2 价格供给。

因此，可以对价格上限得出一般性的结论：当政府制定的价格上限高于市场均衡价格时，价格上限失去作用；反之，当价格上限低于市场均衡价格时，价格上限发生作用，并引起了市场内供不应求的情况。政府对鸡蛋市场实施价格上限时，使得鸡蛋成为市场上的短缺产品，因此，鸡蛋的供应商必然要在大量的潜在消费者中分配稀缺的鸡蛋。于是，在 P_2 价格下排长队的现象是司空见惯的，而在 P_0 价格下"黑市"也时有发生。因此，按价格上限的物品配给机制很少是合意的，且是无效率的。

案例研究 4-1：加油站前的长队

1973 年石油输出国组织（OPEC）提高了世界石油市场的原油价格。由于原油是用于生产汽油的主要投入，较高的石油价格减少了石油供给。加油站前的长队成为司空见惯的现象，而且，开车人不得不为了买几加仑的汽油而等待几个小时。大多数人将这种现象归咎于欧佩克提高原油价格，确实，原油价格的提高使得汽油成为短缺产品。但是,如果没有政府实施对石油公司的价格管制,市场就能客观并且有效率地进行新的配给,从而达到新的均衡。(见附图)4-1、4-2。

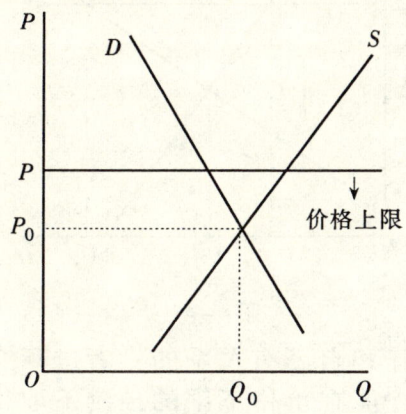 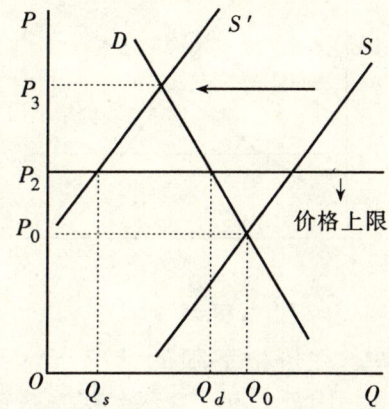

附图4-1 汽油的价格上限没有限制性　　附图4-2 汽油的价格上限有限制性

附图4-1表示的是汽油价格上限没有限制性的图,因为价格上限 P_2 高于当时的市场均衡价格,因此,价格上限对市场不存在影响。但是,由于原油价格的上涨,汽油的投入价格发生了变化,使得供给曲线向左平移。如果现在没有价格上限,那么市场将通过无形的手自动调整到新的均衡,均衡价格如附图4-2所示的 P_3。但是,由于新的均衡价格 P_3 高于价格上限 P_2,于是,价格上限引起了汽油的严重短缺,即 $Q_d - Q_s$。

(二)价格下限如何影响市场

同样以鸡蛋市场来分析,假定鸡蛋的供给厂商在该国具有相当的影响力。为了利益,鸡蛋供给商组成团体通过各种方式包括自己在政府中的影响力,说服政府取消价格上限的管制,并要求政府对鸡蛋市场实施价格下限(最低限价)的管制。同样地,价格下限的实施会出现两种结果。见图4-3和图4-4:

图4-3所示,当价格下限 P_1 小于均衡价格的时,价格下限对市场没有产生影响力。但是,图4-4表示的是政府的价格下限高于鸡蛋市场的均衡价格。这种情况下,由于均衡价格 P_0 低于价格下限,价格下限对市场有限制性的约束力。供给力量使价格向均衡价格变动时,当价格达到价格下限时,就不能再下降了。于是,价格下限在鸡蛋市场上引起了过剩,这也是价格下限对市场的影响结果。

和价格上限一样,价格下限使得配给机制发生变化,出现无效

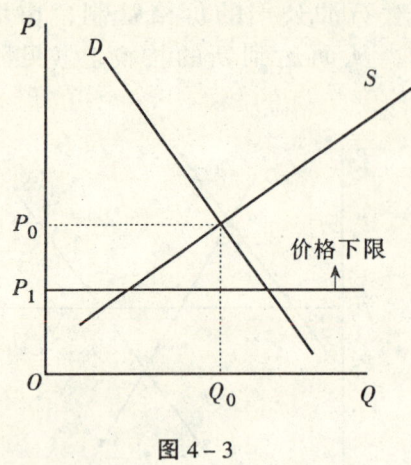
图4-3

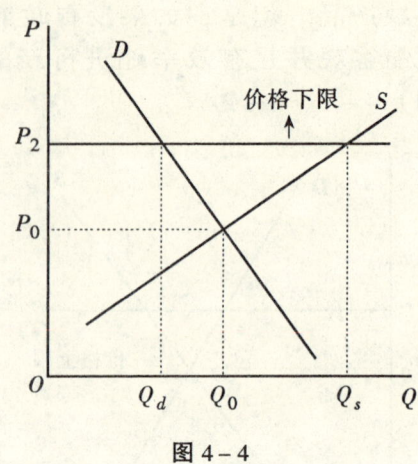
图4-4

率。在价格下限的情况下,买者将青睐和自己有关系的卖者进行交易,因此,有广泛社会关系的供应商才能在价格下限的控制下取得更多的收益。

案例研究4-2:最低工资

价格下限的重要案例之一就是最低工资。最低工资法规定了任何一个雇主可以支付的最低劳动力价格。美国国会1938年第一次以公平劳动标准法案制定了最低工资,以保证工人最低的适当生活水平。到1996年,根据美国联邦法律,最低工资为每小时4.75美元。有些州的法律规定了更高的最低工资。

为了方便考察最低工资对劳动力市场的影响,先看附图4-3和附图4-4:

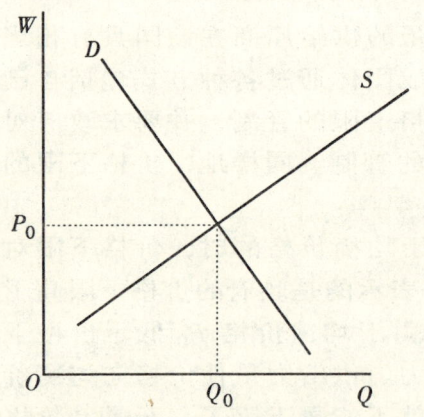
附图4-3 自由劳动力市场

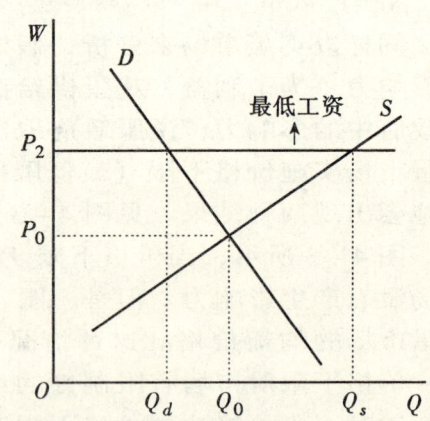
附图4-4 有限制性最低工资的劳动力市场

由附图4-3们可以看到,在自由劳动力市场上,当劳动力价格

为 P_0 时市场达到均衡，Q_0 即为均衡就业量。附图 4-4 表示的是有限制性最低工资的劳动力市场。由于最低工资在美国已经上升到法律地位，因此具有强制性。但是，在最低工资的限制下，P_2 的价格高于市场均衡价格，于是劳动力的供给者愿意提供的劳动量在市场势力的作用下增加到 Q_s；然而由于价格的偏高，对劳动力的需求受到限制，于是对劳动量的需求由原来的均衡就业量减少到 Q_d，于是在劳动力市场上出现了供过于求的情况，即失业大量出现。在青少年劳动力市场上，有代表性的研究发现，最低工资上升 10%，会使青少年就业减少 1%~3%。

（三）价格控制是一种好方法吗？

由以上的分析，可以知道，价格控制无论是价格上限还是价格下限对市场的配给机制都带来了无效率。但是，价格控制手段无疑是政府干预市场的一种比较直接的方法。实质上，对不同产品的市场根据不同的情况制定相应的政策是政府职能所必需要求的。那么价格手段需要实施吗？就一般情况而言：其一：在商品短缺时期，政府通过制定合理的上限价格有利于解决价格的单方决定。因为，在商品短缺时期，消费者往往是价格的接受者，而市场价格的决定权却掌握在供应商手上。其二：在商品过剩时期，政府通过制定合理的下限价格，可以从价格方面保护特定市场的厂商的积极性。

经济学家认为，价格手段是减少收入剪刀差的一种方法。通过价格手段，可以达到帮助穷人的目的，比如通过上限价格对房屋租金进行控制，使得穷人也能租到价格合适的房子；通过价格下限制定最低工资以保障穷人的最低生活保障。当然，通过价格手段确实能帮助一部分的穷人，但是由此引起的不公平问题确实难以以制度的方式进行解决的，并且价格手段的伤害者却又恰恰是低收入者。就拿最高租金来说，有房的人会退出房屋出租市场或将房屋租给自己的亲戚或者收入较低的朋友。

其实，价格控制之外仍然存在很多的方式去帮助贫穷的人。比如政府实施财政补贴，对在一定收入水平下的人进行相应的生活补助，对一些涉及国计民生的行业进行恰当的行政保护等等。而其中最重要的手段就是适当的税收制度。

问题与思考：当上限价格没有迫使厂商退出该市场或减少产品供给时，长期来看，市场力量调整后的新均衡价格会不会是上限价格？同时，在我国，农业的保护价格措施如果没有政府参与市场剩余农产品的收购，能否起到政府预期的作用？

二、税收——政府干预经济手段之一,也是政府养员的必需收入

前面的分析中可以看出,在"经济人"进行市场行为选择的过程中,由于竞争的作用,必然会有一部分人被市场所淘汰,那么,人类社会是不是也像自然界一样,完全的按照"适者生存"的原则对待市场淘汰者呢?显然,这对于社会的稳定是不利的。因此,在这样的情况下,就需要有一种机制,用于维持社会的稳定,政府在其中必须发挥作用,而政府的税收及收入再分配政策就是一个关键的工具。

税收是政府依法取得的收入,具有强制性及不可偿还性的特点。列宁说:"所谓赋税,就是国家不付任何报酬而向居民取得东西。"[①] 日本小川乡太郎说:"税收就是国家为了支付行政经费而向人民强制征收的财物"[②]。英国西蒙·詹姆斯、克里斯托弗·诺布斯在合著的《税收经济学》中说:"税收是由政府机构实行不直接偿还的强制性征收"[③]。税收就是国家运用的一种重要的经济手段。它一方面通过无偿强制的征收,形成国家的财政收入,使政府职能得以顺利运转;另一方面,它通过参与社会产品的分配,调节各方面的经济利益,维护社会经济秩序,对社会经济施加影响和干预,像杠杆使物体得以平衡一样使国民经济得以长期有效地运行,促进经济的发展,稳定经济(这将在后面进行论述);再一方面就是为了进行收入再分配提供资金来源。税收是为实现国家职能服务的。无论是用来取得财政收入还是用来调节经济,税收都是为实现国家的职能服务的,这是一切国家税收的共性,既是税收的始发目的,也是税收的最终目的。当公元前 3100 年左右美尼斯统一埃及,建立世界上最早的奴隶制国家的时候,税收就产生了并为国家取得谷物、蔬菜、皮革等物品,供统治阶级享受。我国夏代向平民征收的贡,是豢养国家机器的物质来源,春秋时期向臣属征收的车马兵甲用于国家对内对外的战争,汉代向商人征收的缗钱税是国家为了贯彻重本抑末政策和缓解财政困难才开征的。1799 年英国开征的所得税是为了筹集英法战争经费;18 世纪西方各国征收的反倾销关税是为了抵制他国商品倾销,保护本国工农业生产和国内市场;美国现代征收的限制消费税是为了限制某些特定消费和行为的发生;伊朗对市街

---

① 《列宁全集》第 32 卷,人民出版社 1958 年版,第 275 页。
② 小川乡太郎:《租税总论》,商务印书馆 1935 年版,第 11 页。
③ 西蒙·詹姆斯、克里斯托弗·诺布斯:《税收经济学》,中国财政经济出版社 1988 年版,第 11 页。

征收的未利用土地税是为了促使土地的有效利用。由事例可以看到，税收的发生从一开始就是以实现国家职能为目的的。

提及税收，就必然有征税对象和税收归宿的概念。在这里实质上的征税对象就是生产者和消费者，而税收归宿是指，关于由谁来承担税负的问题和研究税收的分配问题。

（一）向消费者征税

比如在鸡蛋市场上，假定是完全竞争市场，鸡蛋的需求曲线为：$Q_d = f(P) = 6 - 0.03P$，而鸡蛋的供给曲线为：$Q_s = g(P) = 1 + 0.02P$；并假定政府通过立法向消费者强制征收 0.5 元的消费税。由此就可以开始进行分析了，但是，首先要确定两种曲线的变化情况。法律的制定使得征税的对象直接指向消费者，因此需求曲线将发生位移。其次，征税使得鸡蛋消费者付出更多，因此，需求将减少。通过计算，可以得到鸡蛋市场的均衡价格为 3 元，均衡数量为 100 个。见图 4-5：

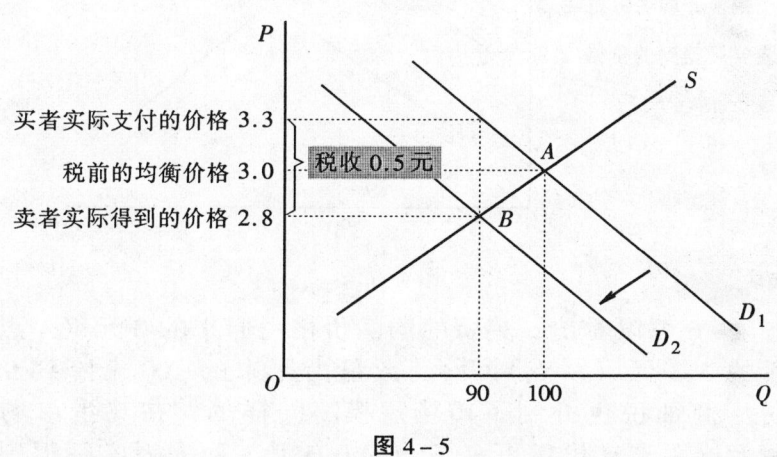

图 4-5

如图 4-5 所示：由于政府向消费者征收 0.5 元的消费税的时候，所以，对于买者的有效价格现在比市场价格高 0.5。由于税收的存在增加了消费者的消费成本，所以需求曲线以税收量向左平移。为了说明税收的影响，比较税前的均衡点 A 和税后的均衡点 B 可以看到，鸡蛋市场的均衡价格由原来的 3 元降到现在的 2.8 元，均衡量又 100 个降低到现在的 90 个。在新的均衡条件下，消费者比原来支付得多了，而卖者实际得到的收入也减少了。因此，税收使得买卖双方的情况都变坏了。

因此，可以得到如下的一般性结论：首先，针对消费者的某种物品的税收抑制了市场需求，该物品的需求曲线向左平移，在达到新均衡时的该物品的市场消费量减少了;其次,税收使得买卖双方的情况都变坏了。实质上,尽管此时的税收是完全针对消费者征收的,但是税收负担是由买卖双方共同负担的。只是在税负的分配上存在不同的比例罢了。

(二)向厂商征税

同样用鸡蛋市场进行分析,把政府立法征税的对象由消费者变成了厂商。同样地,首先要确定此时的税收法律对两种曲线的影响。法律的制定使得征税对象直接指向厂商,计入厂商的生产成本,因此,鸡蛋生产的投入价格增加了,供给曲线向左平移。见图4-6:

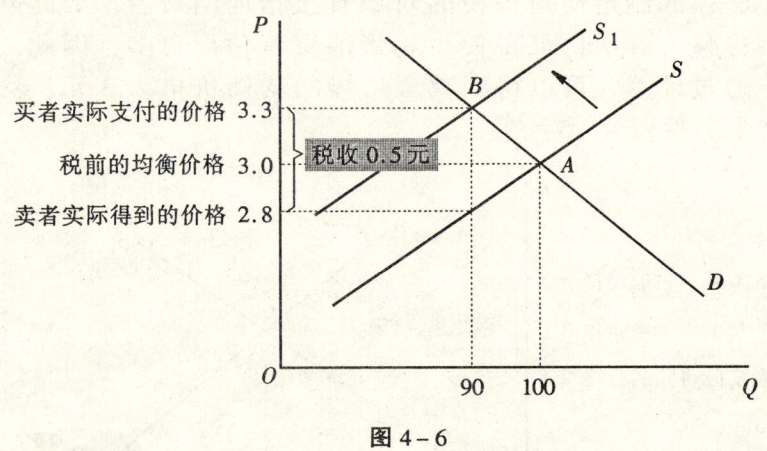

图4-6

由图4-6可以看出,鸡蛋的均衡价格由原来的3元(A点)上升到税后的3.3元(B点),均衡数量由原来的100个降到90个。可见,对厂商征税也抑制了市场规模。同样的,在鸡蛋市场分析中,消费者比原来支付得更多了,即0.3元,而卖者实际得到的价格比原来的少了,即0.2元。税收使得买卖双方的情况变坏了。

现在,可以发现:在同种商品的市场,无论是对消费者征税还是对厂商征税,其结果是一样的。因此,可以进一步得出总结:税负由买卖双方共同分担;税收限制了市场规模。

(三)税负和弹性

经过对鸡蛋市场的分析,已经知道,税负是由买卖双方共同承担的,只不过在承担比例上有区别。那么为什么会产生区别呢?其实这和需求及供给的弹性是息息相关的。现在先给出一般性的结论:税收的负担更多地落在缺乏弹性的一方身上。请看下面的图4-7和图4-8:

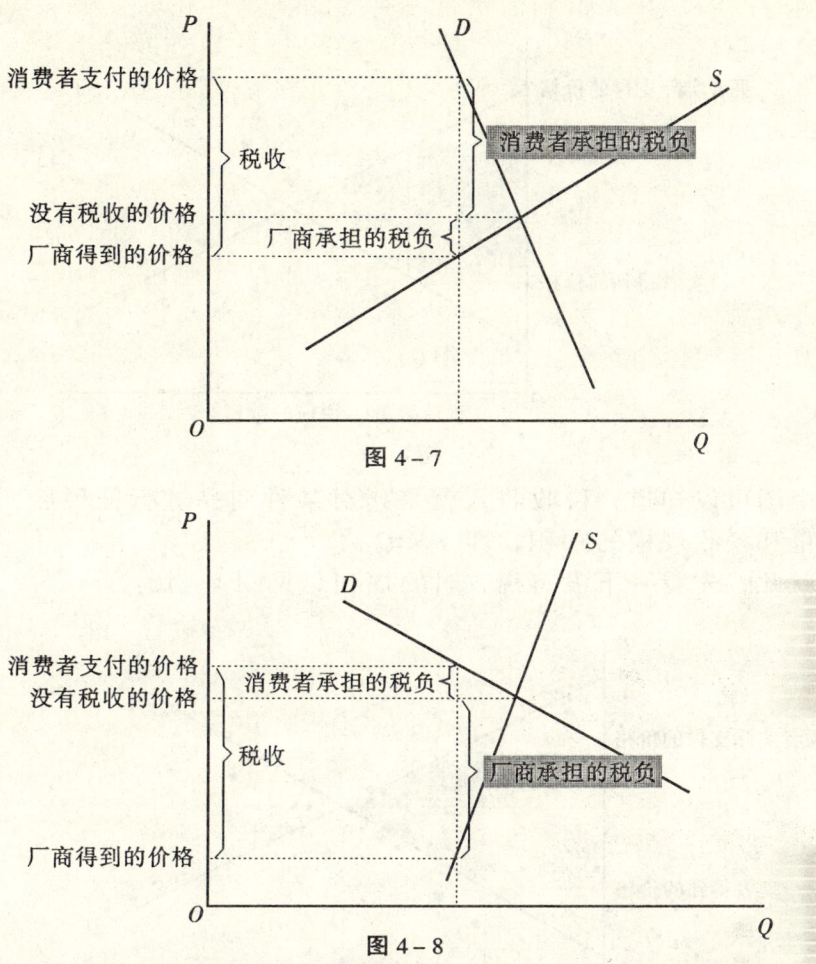

图4-7表示的是供给富有弹性但需求缺乏弹性的税负分配图。从图中可以看出，厂商所分担的税负远远低于消费者的税负。图4-8表示的供给缺乏弹性而需求富有弹性的税负分配图。当然还存在一种可能会使买卖双方平均分担税负的情况，那就是当需求曲线斜率的绝对值与供给曲线的斜率绝对值相等的时候。

（四）税收与福利

经过鸡蛋市场上税收对市场的影响，可以明确地知道，税收抑制了市场活动，限制了市场规模。这就是税收所必需付出的代价之一。

税收的另一种代价就是总社会剩余减少，即税收的无谓损失。那么税收是如何影响社会福利的。在解答这个问题之前，先简单地介绍一下税收收入。见图4-9：

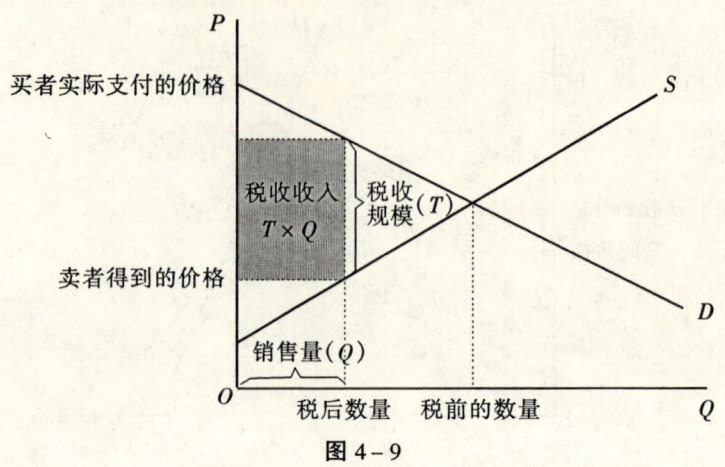

图 4-9

由图可以知道,税收收入就是指对某种商品进行征税后,商品销售量和税收规模的乘积,即 $T \times Q$。

就此,先看一下没有税收时的福利。见图 4-10:

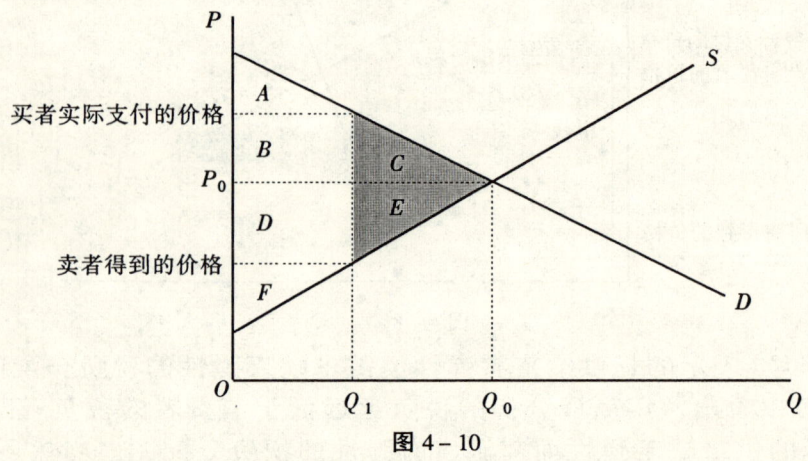

图 4-10

再看表 4-1:

表 4-1

	没有税收时	有税收时	变动
消费者剩余	$A+B+C$	A	$-(B+C)$
生产者剩余	$D+E+F$	F	$-(D+E)$
税收收入	无	$B+D$	$+(B+D)$
总剩余	$A+B+C+D+E+F$	$A+B+D+F$	$-(C+E)$

由图 4-10 和表 4-1 可以看到,无税收时的社会总福利为 $A+$

$B+C+D+E+F$，但是一旦政府对某种商品进行征税后，社会的总剩余由于受到税收的影响。原来的市场均衡被税收打破后形成了新的市场均衡。到达新均衡后，消费者支付的更多了，而卖者得到更少的价格收入。因此，消费者剩余和生产者剩余都由于税收而减少了。最后，加入税收后的总社会福利为 $A+B+D+F$。尽管政府因为税收增加了 $B+D$ 的税收收入，但是社会总福利却损失了 $C+E$ 的部分。

三、收入再分配

在进行收入再分配方面，政府主要是通过个人所得税来完成的。一般来说个人所得税采取的都是累进税制，即根据收入的高低确定不同的税率，收入越高的部分，对其适用的税率也越高，若达不到规定的征税水平，可免于征税，甚至给补贴。一般认为，这种累进所得税有利于缩小社会成员之间的收入差距，从而有助于实现收入分配的平等。除了个人所得税之外，政府还对一些人征收遗产税、赠予税、消费税等。征收这些税种，是为了在纠正财产分配的不平等同时也能为收入再分配提供资金来源，那么，为什么政府要进行收入再分配呢？

在现实世界中，人们占有要素的状况是不一样的：有的人占有的资本、土地等要素多些，有的人则少些，甚至完全不占有；有的人劳动能力强些，有的人则会差些。效率的发挥要建立在承认差别或者说不平等的基础上，不重视和不承认有差别，就是鼓励懒惰，社会经济就难以发展，平等只能成为普遍贫困。美国统计学家洛伦斯（Lorenz, Konrad）提出了一种广泛使用的收入分配曲线——洛伦斯曲线来衡量一个国家的贫富差别程度。根据洛伦斯曲线得出基尼系数，系数在 $0\sim1$ 之间变化，数值越小，表明社会越平等，数值越大，表明社会越不平等。一般来说，国际公认基尼系数在 0.4 以下时社会的收入分配比较合理。请看图 4-11：

图 4-11 即为洛伦斯曲线，洛伦斯曲线是关于国民收入分配公平与否的讨论。如图所示，射线 OY 表示国民收入分配的绝对平均，在这条线上，每 20% 的人口得到 20% 的收入，表明收入分配绝对平等；折线 OPY 表示国民收入分配绝对不公平，使绝对不平等线；弧线 OBY 就是实质上的洛伦斯曲线。而基尼系数就等于 $\frac{A}{A+B}$。显而易见，当基尼系数越小时，洛伦斯曲线越接近射线 OY，也就意味着国民收入的分配越公平。如果把收入改为财产，洛伦斯曲线反映的就是财产分配的平均程度。

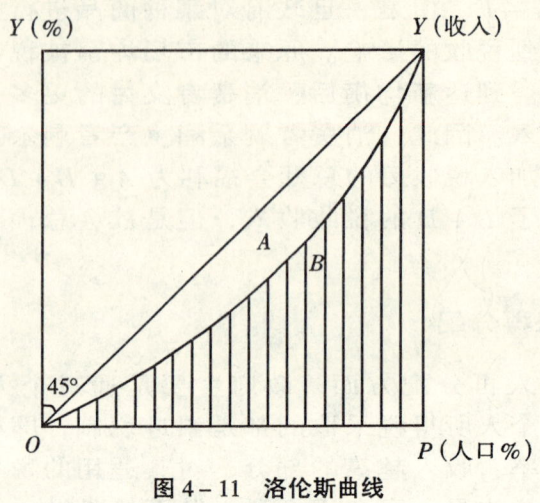

图 4-11 洛伦斯曲线

四、搭便车——公共物品的分析

在经济学的探讨中，往往要将物品进行分类。首先，根据物品是否用于交换，物品分为经济物品和非经济物品。又根据竞争性和排他性将物品分为私人物品、公共物品、共有资源和物品自然垄断等四种。排他性是指可以阻止一个人使用一种物品时该物品的特性。竞争性是指一个人使用一种物品减少其他人使用时该物品的特性。见表4-2：

表 4-2

竞争性

		是	否
排他性	是	私人物品 ● 鸡蛋 ● 衣服	自然垄断： ● 消防 ● 有线电视
	否	共有资源 ● 海洋里的鱼 ● 环境 ● 拥挤的不收费道路	公共物品 ● 国防 ● 知识

通过表4-2，利用竞争性和排他性将物品作出了归为四类：

第一，私人物品既有排他性又有竞争性。例如，考虑一个鸡蛋。一个鸡蛋之所以有排他性，是因为可以阻止另一个人吃这个鸡蛋——只要你不把鸡蛋给别人就行了；一个鸡蛋之所以有竞争性，是因为如果一个吃了一个鸡蛋，另一个人就不能吃同一个鸡蛋了。经济生活中，大多数的物品都是像鸡蛋这样的私人物品。

第二，公共物品既无排他性又无竞争性。也就是说，不能排除人们使用一种公共物品，而且，一个享用一种公共物品的同时并不减少其他人对它的享用。例如，知识就是一种公共物品。当一个人享受知识给他带来的乐趣时，并不能减少或阻止其他人对知识的追求和享受知识所带给个人的乐趣。

第三，共有资源有竞争性但没有排他性。

第四，当一种物品有排他性但没有竞争性时，可以说存在这种物品的自然垄断。

在现实生活中，有一些东西是难以通过市场配置来得到的。比如国防、公共道路、公共卫生等。因为这些物品是全社会都可以共享的，比如国防，一旦建立以后无论一个人是否为其支付了费用，只要有别人能够支付费用，他就可以享用。每到中国的春节，燃放烟花是一件不可或缺的庆祝事宜。在中国的一个小镇里，公民特别喜欢观看烟花，但是现在中国已经立法不准私人燃放烟花。根据经验，这个小镇的500个居民中的每个人对观看烟花都给予了5元的估价。放烟花的成本为1000元。由于2500元的利益大于1000元，小镇在春节期间燃放烟花是有效率的。在这种情况下，私人市场能否解决燃放烟花而获得收益呢（假定政府允许私人进行集中燃放烟花）？当然不能，设想这个小镇的企业家某甲决定举行一场烟花表演。某甲肯定会在卖出这场晚会的门票时遇到麻烦，因为他的潜在客户很快就会发现，他们即便不买票也能看到烟花。烟花没有排他性，因此，人们有一种搭便车的激励。

搭便车是指得到一种物品的收益但回避了为此所必需的支付。搭便车现象的产生是由于市场存在外部性。如果某甲举行烟花表演，他就给那些不交钱看表演的人提供了一种外在的收益。这种外在收益某甲在做出决定的时候不一定能够考虑到。尽管从社会整体福利的角度出发，某甲的行为能使社会的总剩余增加，但是，从私人角度来讲，某甲就无利可图了。从"经济人"理性角度出发，某甲最终只好放弃这样的决策。

那么，搭便车的现象是否就不能解决了呢？不是的。现在假设政府知道了某甲的最终决策，为了不让某甲受到损失又能增加社会福利，政府对某甲提出了如下的解决方法：政府赞助春节的庆祝活动。小镇政府可以向每个人增加2元的税收，并用这种收入雇佣某甲提供烟花表演。小镇上的每个人的福利增加了8元。尽管作为企业家某甲不能做这样的事情，但是作为公共雇员，他可以帮助小镇达到有效率的结果。

第四篇 "经济人"行为的外部不经济与政府干预

从以上情况可以看出，在现实的经济生活中，只靠市场的力量远远不能够保证这个社会能够稳定的向前发展，再加上失业、通货膨胀、经济停滞、国际贸易失衡等一系列现象，更加突现出了政府在市场中的作用和地位，下面结合政府在市场中的作用来看看经济是怎么运行的。

五、国民经济运行的一些基本概念与基本理论

在对一个经济体系进行整体研究之前，要先来说明一下几个基本的概念：

（一）基本概念

1. 国内生产总值与国民生产总值

国内生产总值（*Gross Domestic Product*，简称 *GDP*），是指一定时期内（通常是一年）一国境内所产出的全部最终产品和劳务的价值总和。在这个概念中一个特别重要的地方就是"最终产品和劳务"。这里的"最终产品和劳务"是与"中间产品和劳务"相区别的。最终产品和劳务是指在计算期间生产的但不会重复出售而被最终使用和消费掉的产品；而中间产品和劳务是指用于再出售，以供生产其他商品和劳务而所用的产品和劳务。这里区分一件产品（劳务）是最终产品（劳务）还是中间产品（劳务）的标准关键是看这件产品（劳务）是用来作为消费品的，还是用来作为生产其他产品的原料的。比如说制棉厂生产出来的棉花，如果是一个人买到家里用来填充家里用的垫子，那么，这部分棉花就是最终产品，就应当被计入当年该国的国内生产总值，而如果买棉花的是棉布厂，他买棉花的目的显然就不是为了自己使用，而是为了生产出棉布来进行销售，此时这部分销售出去的棉花就是中间产品，就不能计入到该国当年的国内生产总值中。

国民生产总值（*Gross National Product*，简称 *GNP*），是指一国公民在一定时期内（通常是一年）所得到的收入价值的总和。从定义就可以看出，国内生产总值与国民生产总值是有区别的。如果是在一个封闭的经济体当中，由于没有任何对外贸易与对外往来，一国境内的概念与一国公民的概念是相同的，此时的 *GDP* 与 *GNP* 是相同的。但是在当代开放经济的环境下，两者的数值上通常是会有差异的，这是由二者的性质所决定的。*GDP* 是一个地域概念，他指的是在一国范围内的最终产品和劳务的价值，而 *GNP* 是一个国民概念，指的是一国所拥有的生产要素所生产的最终产品和劳务的总和。举例来说，一个日本公司在美国投资兴建了一个全资的汽车生

产厂，从 GDP 的角度来看，因为这个公司所生产的最终产品（汽车）是在美国境内生产的，所以应该计入美国的 GDP 之中；而从 GNP 的角度来说，生产出这些最终产品的生产要素资源是由日本人所掌握的，所以其国民生产总值应计入日本。

尽管存在着显著的区别，GDP 和 GNP 这两个概念的大部分还是相互重合的，至少对于大多数国家来说都是如此，因此，将两者的差别加以量化就显得十分必要了。在实际的经济活动中，一国的收入可以在许多方面与其产出发生出入。外国公民可以拥有该国的部分国内产值，外国金融机构也可以通过向该国的国内项目融资的方式分享该国的国内收入，外国工人可以在该国工作并将其劳动所得汇回国内。在上面的每一种情形中，都有部分国内产值成为了外国公民的收入，这些在计算 GNP 时，都应从本国的 GNP 中扣除。

案例研究4-3[①]：用增值法计算国民生产总值，增值法就是指在计算国民生产总值的过程中，只计算在生产各阶段上所增加的价值。见附表 4-1

附表 4-1

生产阶段	产品价值	中间产品成本	增值
棉 花	8	——	8
棉 纱	11	8	3
棉 布	20	11	9
服 装	30	20	10
合 计	69	39	30

在附表 4-1 中，服装是最终产品，其产值为 30，用增值法计算也是 30，如不区分最终产品和中间产品，则会有重复计算 39。

2. 国民生产总值的计算方法

在宏观经济学中，国民经济核算体系中有不同的方法计算国民生产总值，其中最主要的是支出法和收入法。但是值得注意的是，在使用两种方法进行计算的时候，我们应该在计算结果上进行验证，即指总支出和总收入相等。因为任何一笔交易都涉及买卖双方，根据会计原则，买方购买产品和服务的支出一定等于卖方出售产品和服务所得到的收入。

（1）支出法

支出法又称为产品流动法、产品支出法或最终产品法。这种方法从产品的使用出发，把一年内购买各项最终产品的支出加总，来

---

① 梁小民，《西方经济学基础教程》，北京大学出版社，1991 年版，第 155 页

计算该年内生产出的最终产品的市场价值。即把购买各种最终产品所支出的货币加在一起,得出社会最终产品的流动量的货币价值的总合。用支出法来衡量国民收入,GDP 可以分为四大部分:消费支出（C）、投资支出（I）、政府购买（G）和净出口（NX）。用国民收入（Y）代表 GDP,可以用以下公式来表示用支出法计算的 GDP:
$Y = C + I + G + NX$

案例研究 4－4:附表 4－2 和附表 4－3 分别给出了我国 1998 年和美国 1996 年用支出法测算的 GDP 及其构成表:

附表 4－2

	总量（10亿元）	占 GDP 比例（%）
GDP	7985.3	100
消费支出（C）	3692.1	46.24
投资支出（I）	3039.6	38.06
政府购买（G）	48.5	11.88
净出口（NX）	305.1	3.82

（资料来源:《1999 年中国统计年鉴》第 67～68 页,中国统计出版社）

附表 4－3

	总量（10亿美元）	占 GDP 比例（%）
GDP	7576	100
消费支出（C）	5152	68
投资支出（I）	1116	14.7
政府购买（G）	1407	18.6
净出口（NX）	－99	－1.3

（资料来源:美国商业部,《当前商业观察》,1997 年 3 月）

(2) 收入法

收入法又称为要素支付法,或要素收入法。这种方法是从收入的角度出发,把生产要素在生产中所得到的各种收入相加。即把劳动所得的工资、土地所得到的地租、资本所得到的利息以及企业家才能所得到的利润相加,计算国民生产总值。

案例研究 4－5:附表 4－4 给出了美国 1996 年用收入法测算的 GDP 及其构成表:

附表 4-4

	总量（10 亿美元）	占 GDP 比例（%）
GDP	7576	100
劳动收入	4449	58.7
净利息	405	5.4
租金收入	127	1.7
企业利润	650	8.6
所有者收入	518	6.8
间接税	569	7.5
资本消耗（折旧）	858	11.3

（资料来源：美国商业部，《当前商业观察》，1997 年 3 月）

资料：1990 年~2003 年中国名义 GDP 及增长率（见附表 4-5 和附图 4-5）：

附表 4-5

中国国内生产总值 GDP

单位：亿元（人民币）

年份	金额	增长率%
1990 年	18548	3.8
1991 年	21618	9.2
1992 年	26638	14.2
1993 年	34634	13.5
1994 年	46759	12.6
1995 年	58478	10.5
1996 年	67885	9.6
1997 年	74463	8.8
1998 年	78345	7.8
1999 年	82068	7.1
2000 年	89442	8.0
2001 年	95933	7.3
2002 年	102398	8.0
2003 年	116694	9.1

（资料来源：各年《中国统计年鉴》及《2003 年国民经济和社会发展统计公报》）

（二）国民经济运行的基本介绍

按照古典学派的理论，整个经济社会的运行情况就是单个经济体运行情况的简单叠加，对于单个经济体所适用的那些规律，对于整个经济体系的运行也同样适应。在一个社会中，生产是起决定性作用的，供给决定需求，因此生产什么是社会经济的主要问题。在

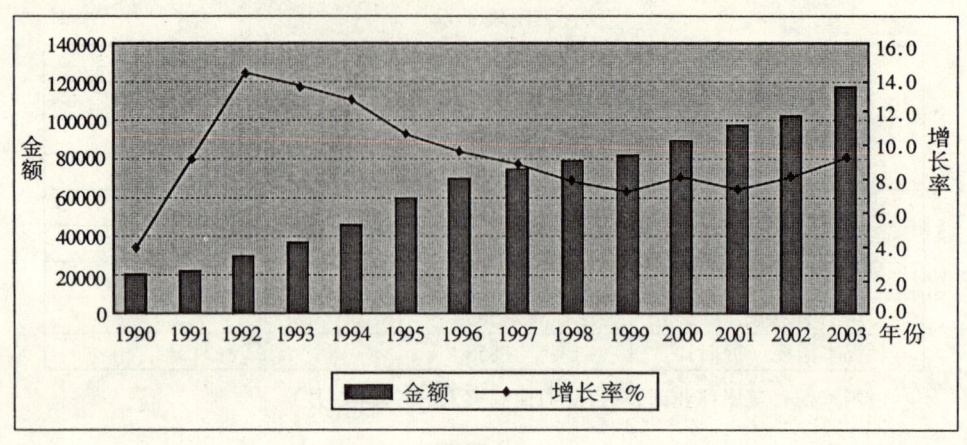

附图 4-5

市场经济条件下，生产什么通常是由企业决定的，这是个体经济单位的行为，因此，经济运行的关键在于个体行为，也就是在企业这个层面上。无数追求利润极大化的企业通过竞争形成了一个整体的、有序的经济活动，构成了国民经济运行的基础。在这个基础上，社会生活中的经济波动仅仅是局部的、暂时的现象，当供求关系失衡时，市场可以通过价格、工资等因素的变动使经济自动地回到由供给决定的自然水平，从而不会出现大规模的失业，因此，政府没有必要对经济进行干预。

20世纪30年代的经济大萧条使古典经济理论受到了挑战。按照古典理论，价格、工资等都是有伸缩性的，经济活动有其内在的调节机制，经济大萧条是不可能产生的。那么，是什么原因造成了大萧条呢？在回答这个问题中，对于整体经济体系进行研究（一般称之为宏观经济学）的开山祖师凯恩斯（John Maynard Keynes）提出了自己全新的看法。凯恩斯从社会总需求入手，寻找经济大萧条产生的原因，因此凯恩斯的理论一开始就是从宏观层面上展开的。凯恩斯理论的核心是有效需求，也就是以后书中所提到的总需求。凯恩斯认为，由于市场机制本身存在着某种缺陷（如价格、工资刚性、信息的不对称、成本等等），供给并不一定就能自动的创造需求，而很多时候恰恰是总需求能够创造供给，是起决定作用的，它决定着国民收入的波动。总需求的大小又主要取决于三个心理因素，即"边际消费倾向"、"资本的预期收益"和"流动性偏好"。如果人们对未来预期产生悲观情绪，或者说这些心理因素发生了不正常波动，就会影响人们的经济行为从而导致总需求不足。在总需求不足又不能通过市场机制来调节的情况下，国民经济就会偏离充分就业的自然水平,从而导致经济的波动。他还认为,尽管在长期内,国民经济受价格机制的作用有回到自然水平的趋势,但这个过程是相当缓慢的,而且谈论长期是没有意义的,因为,"在长期,我们都会死去"。这样,凯恩斯提供了一个对大萧条的理论解释,也产生了以研究总需求为核心内容的宏观经济理论。

下面就来重点分析一下在凯恩斯看来整个经济体系会怎么运行,对于出现的一些使"经济人"感到困惑的诸如:经济停滞、失业上升、物价飞涨、对外贸易恶化等问题他是如何加以解决的。而对于这些问题,在凯恩斯之后,其他的学派和人物又有什么样的看法。

(三) 二部门国民经济的决定

在一个社会中,家庭和个人是最初的成员,随着市场经济的发展,开始出现了企业,而在市场经济的发展过程中,国家(或政府)也会发挥越来越重要的作用,而随着经济开放程度的不断增加,对外贸易在一国国民经济中的地位也愈发重要,下面按照复杂程度,先从最简单的二部门开始讨论国民经济是如何决定的。

所谓的二部门,就是指在一个经济体内(此时就假设为是一个国家内),只有个人和企业,没有政府,也没有对外贸易,相应的税收、政府补贴等等也就不存在了。并且,在此时,不论需求量是多少,市场均能以不变的价格提供,也就是说,需求的增加只会引起产量的增加,而不会引起价格的变动,在讨论中均以不变价格为前提,不考虑价格的变动。此外,亦不考虑利润及公司未分配利润的因素。

在此种情况下,经济社会的产量或者说国民收入就决定于社会总支出。与总支出相等的产出称为均衡产出。由前面的分析,已经知道,均衡是指一种不再变动的情况。当一个企业生产的产品数量正好等于市场对这种产品的需求量时,可以说这一企业的生产处在供求平衡状态。同样,当一个社会所有企业的生产即总供给等于该社会全体购买者对这些产品的总需求时,就可说总供给和总需求处于均衡状态。这时,所有的企业生产就能稳定下来。若生产(供给)超过需求,企业中会增加不希望有的过多的存货,也就是非计划存货投资,这时企业就会削减生产;若生产低于需求,企业库存就会减少,企业就会增加生产。总之,由于企业根据产品销路来安排生产,一定会把生产定在和产品需求相一致的水平上。由于两部门经济中没有政府和对外贸易,对产品的总需求就只由居民消费和企业投资构成。于是,均衡产出可用公式 $Y = C + I$ 来表示。

上式中，Y、C、I分别代表产出或收入、消费及投资，而且是代表剔除了价格变动的实际产出或收入、实际消费及投资。也就是前面说到的，不考虑价格因素的情况，此时只有数量上的变化，而不会存在价格上的变化，价格水平始终为1，名义收入、消费及投资与实际收入、消费及投资是衡等的。

在这个公式中还有一点是需要特别强调的，那就是，公式中的C和I，分别代表的是居民和企业实际想要发生的消费和投资，也就是说他代表的是意愿消费和投资，而不是实实在在发生的，在国民收入中计算进去的消费和投资。比如说，企业此时的产品是2000万元，但当他产品生产出来后，由于市场情况的变化，只卖出去1500万元的商品，这样他就多出了500万元的产品，由于实际的投资总是等于实际的消费的，因此，这500万元无法买掉的商品就做为一种企业的投资——存货也被计算在实际的国民收入中。但此时的国民收入显然没有达到均衡状态，这时的消费等于投资是实际消费等于实际投资，而只有企业压缩产品的产量，当产量也是1500万元时，此时其意愿投资等于消费者的意愿消费，才达到了国民收入的均衡。因此，可以看出在均衡的产出水平上，非计划的存货投资始终是等于0的。

从上面的分析中，可以看出在一个比较简单的二部门的经济体中，主要是靠投资和消费的相互均衡来达到国民经济的均衡的。那么，又有哪些因素是影响投资和消费，进而在影响国民经济的决定的呢？下面还是按照凯恩斯的观点来进行一下分析。

首先，为了分析的简化，假设投资是一个外生变量，也就是说，它是预先给定了的，那么着重来看看消费是怎么变化的。

分析消费，首先遇到的一个问题就是消费是由什么决定的？在现实生活中，影响各个家庭消费的因素很多，如收入水平、商品价格水平、利率水平、收入分配情况、消费者偏好、家庭财产状况、消费信贷状况以及国家的消费政策等等。根据凯恩斯的观点，在所有的这些因素中，起决定性作用的是收入水平，也就是说，收入水平的高低是决定一个人（家庭）消费水平的最重要的因素。为此，可以将收入水平从众多影响因素中单独分离出来加以分析。

凯恩斯在研究消费水平与收入水平的时候认为，存在着一条先验的规律，也就是"边际消费倾向递减"规律。凯恩斯认为，随着收入的增加，消费也会增加，但消费的增加不及收入增加的多，也就是说，与收入的增加幅度相比，消费的增加幅度是递减的，消费和收入的这种关系称作消费函数或消费倾向，这一规律就是"边际消费倾向递减"规律。

由于消费量只是收入增量的一部分，因此，边际消费倾向总是大于零而小于1的。但作为平均消费倾向则有可能大于、等于或小于1，因为消费可能大于、等于或小于收入。

在这里，或许会有一个有疑问，消费怎么可能大于收入呢？从长期来看，消费的确是不可能大于收入的，但凯恩斯的分析基本上是基于一种短期行为的分析，而在短期中来看，消费是完全有可能大于收入的。比如这个月刚好要买一辆车，则可能就会把以前的积蓄拿出来，甚至可能还要贷点款，又比如这个月要结婚了，那么当月的收入肯定也是不够支出的，所以从短期来看，消费是可能大于收入的，也就是说平均消费倾向是有可能大于或等于1的。

一般来说，如果消费和收入之间存在线性函数关系，则边际消费倾向为一常数，这时消费函数可用下列方程表示：$C = a + bY$

式中 a 表示自主性消费部分，即收入为0时通过举债或运用过去储蓄也必须要有的基本生活消费。b 表示边际消费倾向，b 和 Y 的乘积表示收入引致的消费。只要 Y 已知，就可以知道全部消费量。消费函数可以用图 4–12 来表示。

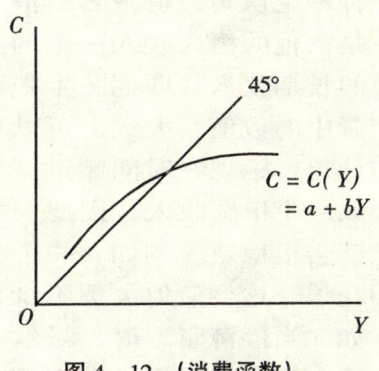

图 4–12 （消费函数）

消费理论的介绍

除了凯恩斯的消费理论，再来介绍一下西方其他比较著名的消费理论。

美国经济学家杜森贝利（*Duesenberry, James Stemble*）的相对收入理论。这种理论包括两个方面的含义：一是指消费支出不仅受自己收入影响，而且也受别人收入和消费的影响。如果一个家庭的收入增加了，而周围的人或同一阶层的人收入也同比例增加了，则他的消费在其收入中所占比例不变。而一旦周围人的收入提高了，而他的收入却没有增加，则其消费在收入中所占比例会提高。这是因为他周围的人的消费对他具有"示范效应"，为了能在周围人中体面的生活，他必须提高其消费在收入中的比例。因此，他的消费倾向不是取决于他的绝对收入水平，而是取决于他的收入的相对水平（与周围的人相比的水平）。二是指消费不仅受目前收入的影响，而且还受过去收入和消费的影响。如果一个人目前的收入超过以前高峰期收入，则他的消费与当前收入有关。如果目前收入低于从前高峰期的收入，则人们在收入下降时，为了维持以前的生活水平，将会改变消费倾向,从而提高消费在收入中的比例,这就是所谓消费的"棘轮效应"。

美国经济学家莫迪利安尼(*Modigliani*, *Franco*)的生命周期消费理论。这种理论认为,人的一生可以分为青年、中年和老年三个阶段,而消费者总要估算其一生的总收入并考虑在人生命过程中如何最佳分配自己的收入,以获得一生中最大的消费满足。一般来说,年轻人家庭收入总的偏低,这时收入会小于消费,随着他们步入中年,收入日益增加,这时收入将会超过消费,一方面他们需要偿还青年时所欠下的债务,另一方面还要积些财富以备日后年老时使用;一旦年老退休,收入下降,消费又会超过收入。根据这种理论,如果社会上年轻人和老年人比较多,则消费倾向会提高,而如果社会上中年人的比例增加,则消费倾向就会下降。

美国经济学家弗里德曼(*Friedman Milton*)的恒久收入理论。这种理论认为,消费者的消费支出主要不是由他现期收入决定的,而是由他的恒久收入决定的。所谓恒久收入,是指消费者可以预计到的长期收入,即他一生中可得到收入的平均值。恒久收入在统计计量中的数值,大致上可以观察到的若干年收入的数值之加权平均数计得。距现在时间越远,权数越小;反之,则权数越大。由于消费取决于恒久收入,因此,如果恒久收入是一个常数,长期消费倾向就会很稳定。例如,一个有前途的大学生可能在其暂时收入以外多花钱,这会使他欠下不少债,但他相信自己将来收入会非常高。再如,当经济衰退时,虽然收入减少了,但消费者仍然按恒久收入消费,故衰退时期的消费倾向高于长期的平均消费倾向(因为衰退时收入较低,但消费水平并未下降)。相反,经济繁荣时尽管收入水平提高了,但消费按恒久收入消费,故这时消费倾向低于长期平均消费倾向。根据这种理论,政府想通过增减税收来影响总需求的政策,是不能奏效的,因为人们因减税而一时增加的收入,并不会立即用来增加消费。同样,即使人们因增税减少了收入,也不会立即减少消费支出。

根据上述凯恩斯的消费理论,基本上就可以得到在比较简单的二部门中的国民经济是如何决定的了(在不考虑投资如何决定的条件下)。

$Y = C + I$

$C = a + bY$

由以上二式联立后解方程组就可以得到

$Y = (a + I) / (1 - b)$

由此可知,如果知道了投资量和边际消费倾向,也就知道了一国的国民收入。

(四)三部门及四部门国民收入的决定

在复杂一些的三部门经济和四部门经济中,其国民收入决定的基本原理也是一致的,只是在三部门中加上了政府这一主体,在决定国民收入时还要考虑政府支出及税收等因素;而在四部门经济中又加上对外贸易的项目,在决定国民收入时还要再考虑边际进口倾向的因素。在这里仅将三部门与四部门均衡的公式列出,大家可以根据上面的原理自行加以推导,这里就不一一进行介绍了。

三部门经济中国民收入的决定公式:

$C + S + T = C + I + T$

其中:C 是消费、S 是储蓄、T 是政府税收、I 是投资、G 是政府支出

四部门经济中国民收入的决定公式:

$C + S + T + X = C + I + T + M$

其中:C 是消费、S 是储蓄、T 是政府税收、X 是出口、I 是投资、G 是政府支出、M 是进口。

(五)国民收入决定的乘数原理

所谓乘数是指当投资增加时,收入的增量将是投资增量的 k 倍,这个 k 就称为投资乘数。因而投资乘数指收入的变化与带来这种变化的投资支出变化的比率。

当投资增加 A 时,此时国民收入增加 A,由于边际消费倾向的影响,在增加的国民收入 A 中必然会有 Ab 被用来购买消费品,而购买消费品 Ab 的这部分资金又会做为投资流入到生产中去,从而使国民收入再增加 Ab,显然又会有 Abb 用来购买消费品,如此一直下去,最后国民收入的增加将是 $A + Ab + Abb + \cdots = A/(1-b)$,此时的 $1/(1-b)$ 就是投资乘数。

案例研究 4-6:乘数效应的威力[①]

由于乘数效应的存在.评论家们在指责政府采取的经济增长措施颇不得力的时候必须三思而行。毕竟.如果乘数效应足够大的话.一项微不足道的措施亦将促使经济达到充分就业的繁荣

在 1992 年初,美国总统选举处于白热化阶段,民主党和共和党之间关于如何刺激经济增长方面的分歧尤为突出。当时,美国的国

---

① 斯蒂格利茨(Joseph E. Stiglitz),《<经济学>小品和案例》,中国人民的大学出版社,1998 年版,第 139 页

内生产总值为 57000 亿美元。为了下面说明方便，假定这个数字离充分就业下的 GDP 还差 2%，即还差 140 亿美元。

布什总统在他 1 月 28 日所作的国情咨文中首先发难。他指示联邦政府机构加快各种联邦开支项目。例如在 6 个月内用 100 亿美元来修筑道路，进行公共设施建设。同时他还宣布了联邦政府的减税政策，预计在 6 个月内会有 120 亿美元投入刺激经济增长。上述措施无须经过国会的批准，可由总统立即执行。布什总统还进一步要求国会通过一系列税收减免的措施，包括对房地产投资者的税收鼓励政策、对首次购房者的税收信贷、对资本利得的税收减免以及其他的各类政策。总统还敦促国会于 3 月 20 日前通过该项议案。据最乐观估计，该议案可为刺激经济增长投放 500 亿美元。假如乘数是 2，经济将会处于充分就业的水平。然而，以现实的眼光来看，许多措施收效甚微。例如，扩大政府的花费规模，虽然意味着近期花费水平会提高，但是将牺牲未来的花费。税收信贷政策会暂时为纳税人带来少量的现金盈余，而当税单到期时，纳税人将面临更沉重的负担。由于这些措施只是短期有效，因此实际上它们收效不大。有针对性的税收减免政策同样具有争议性，毕竟房地产投资者或资本利得的收益人没有什么理由比其他纳税人得到更多的税收优惠。

由民主党控制的国会虽然愿意通过布什提出的议案。但对该议案做出了重大的修改。规定税收优惠政策只能给予年收入在 7 万美元以下的纳税人。而其余的纳税人必须交纳更高的税额。这项修改后的议案虽然提供 420 亿美元的税收减免（在乘数效应的影响下应该足以使经济达到充分就业的水平）但是由于同时导致 600 亿美元的税收增加而使该措施归于无效。3 月 20 日，国会将修改后的议案交予布什总统，布什总统很快就像他一直威胁要做的那样，否决了这议案。

在这场政治游戏中，双方都在阻挠对方政策的实施，而又同时在指责对方的不合作。但经过观察，任何一方似乎都未能提出能够促使经济发展达到充分就业水平的可行的方案。在这里，即使存在乘数效应也无济于事。

（六）投资与利率的关系

下面介绍一下凯恩斯关于投资和利率之间的相互决定理论。

在前面的分析中，假定投资是一个给定的变量，从而利用消费的变化来决定国民收入的决定，但在现实情况中，投资不可能是不受经济环境或者经济条件影响的，那么是什么条件决定投资的水平呢？

在前面的分析中，曾经指出利率是决定资本的因素，如果将投资看作是资本的运用，那么同样的，利率就是决定投资多少的因素，这就是凯恩斯对于投资的基本观点。在这里凯恩斯用人们对货币的需求来代替投资，从这里展开投资与利率关系的讨论。

关于什么是人们对于货币的需求，凯恩斯是这样定义的，即货币的需求就是人们对于流动性的偏好。而流动性偏好指的就是人们宁肯持有不能生息的货币，也不愿意持有其他的可以带来收益的资产的一种心理偏好，这就是前面提到的凯恩斯做为理论基础的三个假设之一的"流动性偏好"假设。接着，凯恩斯进一步地讨论了人们为什么会持有货币，也就是说为什么会有流动性偏好的原因。

凯恩斯认为，流动性偏好之以存在，是因为有以下三个动机的存在，即交易动机，预防动机与投机动机。

交易动机，即人们需要货币是为了进行交易或者说支付。就个人或家庭而言，一般是定期取得收入，经常需要支出，为购买日常需要的生活资料，他们经常要在手边保持一定数量的货币；就厂商而言，他们在取得货款以后，为应付日常成本开支，如购买原材料或支付工资奖金等等，也需要持有一定量的货币。可见，交易需求的产生，是由于人们收入和支出的非同步性。

预防动机，即人们需要货币是为了应付不测之需。无论个人还是厂商，尽管对未来收入和支出总有一个大致估计，但这种预测不一定完全合乎实际，遇到不测之需是经常之事。为此，人们总需要持有一部分货币以防万一。可见，预防动机需求的产生是由于人们未来收入和支出的不确定性。

出于上述两个动机，对货币的需求量，首先取决于人们的实际收入。这是因为，按此两个动机人们需要货币，当然是为了开支，而人们支出水平高低取决于他们的收入水平。实际收入越高的家庭，支出水平也越高，因而需要的货币数量也就越多。可见，货币需求是和实际收入水平同方向变动的。

投机动机。这是凯恩斯在分析人们的货币需求时最具特色的部分。凯恩斯认为，利率与资产的价格是呈反方向关系变动的，即利率越高，资产的价格就越低，利率越低，资产的价格就越高。当某个时期利率的水平很高时，人们就会预期利率此时已经超过了利率的均衡水平，必然会下降以恢复其均衡，而利率的下降就会带来资产价格的上升，此时明智的选择自然是持有除货币以外的其他资产，待其价格上涨后再将其卖出以获得收益。这样人们持有在手中的财富就大量的以除货币以外的其他资产的形式持有，而较少的会持有货币。而当利率水平很低时,人们就会认为利率将来定会上升,这样此时价格很高的资产的价格将会下降,人们比较好的选择是现在先持有现金,等资产价格下降后再去进行购买。这种货币的需求与利率呈反方向变动的关系就是人们对于货币需求的投机动机。(见图4-13)在这里,凯恩斯提到了一个著名的理论,即"流动性陷阱",他认为,当利率水平低到一定程度的时候,此时

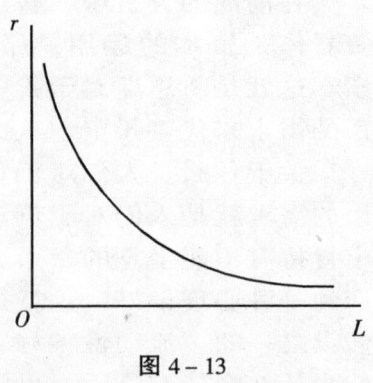

图4-13

人们预期利率不可能再继续下降,也就是资产的价格不可能再上涨,从而,不论投入多少货币,都被人们贮藏起来,利率的变动将不再对货币的需求产生影响,这就是"流动性陷井"。

一般来说,人们的交易动机和预防动机在一定时期内是相对比较稳定的,因而决定人们货币需求的就主要是投机动机,从而凯恩斯得出了人们的货币需求与利率呈反向变动的关系,进一步说就是投资与利率呈反向变动的关系,即利率越高,投资量越少,利率越低,投资量越多。

(七)一般国民收入决定的分析(*IS—LM* 曲线)

这里似乎已经解决了投资和利率关系的问题,均衡的国民收入水平决定于总支出水平,而总支出中的投资支出水平决定于利率水平。因此,要决定收入,要先决定利率。另一方面,均衡利率的决定由前面的讨论可知由货币的供给和需求来决定,而货币的需求又决定于收入水平,因此,要决定利率,就要先决定收入。那么,均衡的收入水平和利率怎样在相互作用过程中同时被决定呢?英国经济学家希克斯(*Hicks,John Richard*)和美国经济学家汉森(*Hansen,Alvin Harvey*)同时考察了产品市场和货币市场的均衡,提出了著名的"汉森——希克斯模型",即 *IS—LM* 模型,以说明在产品市场与货币市场同时均衡时,利率与国民收入之间的相互关系。这一分析基本描绘出了凯恩斯主义的整个思想体系,因而长期以来被看作是对凯恩斯理论的标准解释。下面重点讨论一下 *IS—LM* 模型。

1. *IS* 曲线的推导

推导 *IS* 曲线之前,首先要明白 *IS* 曲线所代表的含义是什么。*IS* 曲线代表的是在价格不变的情况下,产品市场达到均衡时利率与国民收入之间的函数关系,也就是说,在 *IS* 曲线上的每一点,代表的都是不同的利率与国民收入关系,而在这些关系下,产品市场均

达到了均衡,在这些点以外,产品市场都没有达到均衡。下面,就利用图象的方法来推导出 IS 曲线。

如图 4-14,在图中,横坐标的左侧表示投资(I),右侧表示国民收入(Y);纵坐标的上侧表示利率(r),下侧表示储蓄(S)。现在从第二象限以逆时针方向转动,来看 IS 曲线是如何形成的。

假设此时的利率水平为 r_A,那么,根据利率与投资的关系,可以得到在此利率水平下的均衡

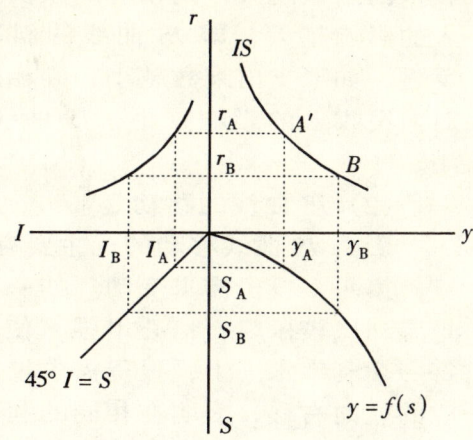

图 4-14 (IS 曲线的推导)

投资量 I_A;此时,在转移到第三象限,根据前面的论述知道,要使国民收入达到均衡的条件是计划投资与计划储蓄相等,在第三象限内就表现为第三象限的角平分线上,在这条线上刚好投资等于储蓄,故得到均衡的储蓄量 S_A;再到第四象限,这里表述的是储蓄与国民收入之间的关系,由于国民收入是储蓄的一个增函数,这里可以得到当前水平下的国民收 Y_A;最后回到第一象限,则在利率水平为 A 的情况下,得到了当前利率水平下国民收入达到均衡的点 A。此时,假设利率水平由 r_A 下降到 r_B,重复上述过程,最终得到在这一利率水平下的使利率和国民经济达到均衡的点 B。

不断的重复这一过程,就会得到不同的使利率与国民收入达到均衡的点,将这些点用一条平滑的曲线加以连接,就得到了一条 IS 曲线。

下面讨论一下 IS 曲线的性质。

(1) IS 曲线的斜率

从 IS 曲线的推导过程中可以知道,利率与国民收入呈反方向的变动,IS 曲线的斜率为负值。而利率变动对国民收入的影响程度,即 IS 曲线的斜率大小,则主要取决于以下两个因素。

第一,在其他条件不变的情况下,如果投资对利率的变化越敏感,也就是说只要很微小的利率变化就会带来比较大的投资变动,则国民收入对利率的变化也相应的越敏感,即 IS 曲线的斜率的绝对值越小,IS 曲线越平缓。反之,如果投资对利率的变化不太敏感,则 IS 曲线的斜率的绝对值就大,IS 曲线就比较陡峭。

第二,在其他条件不变的情况下,如果投资或政府支出对国民

收入的乘数越大，则相应的投资变动量或政府支现变动量对国民收入的影响越大，即 IS 曲线的斜率的绝对值越小，IS 曲线越平缓。反之，如果支出乘数越小，则相应的投资变动量或政府支出变动量对国民收入的影响越小，IS 曲线的斜率绝对值越大，IS 曲线越陡峭。

(2) IS 曲线的移动

影响 IS 曲线移动的，主要有以下因素。

第一，投资需求变动。如果其他条件不变，而投资者对投资前景感到比较乐观，信心增强，使自发性投资水平上升，则相应地在每一个利率水平上，投资需求较之以往都会有所增加，则 IS 曲线相应的就向右移，表明在相同的利率水平下投资会增加。

第二，储蓄函数变动。如果其他条件不变，而人们的储蓄意愿增加，即人们不再愿意花钱，而是把钱都存起来，即自主性的消费下降了，那么则每一储蓄水平所需要的国民收入就会小些，此时相应的 IS 曲线就会左移。

第三，政府支出及税收变动。如果其他条件不变，而政府实行扩张性的财政政策，增加政府支出或减免税额，其作用都类似于增加投资或刺激消费，因此，IS 曲线就会右移；反之，如果政府实行紧缩性的财政政策，减少政府支出或增加税额，其作用都类似于减少投资或抑制消费，将会导致 IS 曲线的左移。

第四，净出口额变动。在其他条件不变的情况下，如果净出口额增加，其作用相当于增加了自发支出，因此，IS 曲线右移；反之，如果净出口额减少，则 IS 曲线左移。

以上讨论的 IS 曲线的移动，既可能是斜率既定的平行移动，也可能是斜率发生变化的非平行移动，但其基本的推导过程却都是一致的。

(3) 产品市场失衡的调节

前面说过，IS 曲线表明的是维持产品市场达到均衡时利率与国民收入的点的连线，那么自然地，IS 曲线以外的任一点，都代表了产品市场的失衡状态。

如图 4-15 所示，A 为 IS 曲线右边的任意一点，B 为 IS 曲线左边的任意一点，由于 A、B 两点均不在 IS 曲线上，所以为失衡

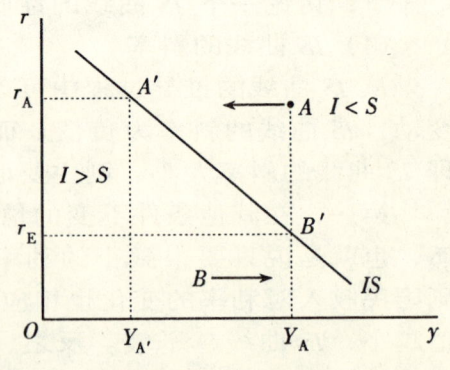

图 4-15 产品市场失衡

点。

在 A 点，与 A 点相对应的国民收入为 Y_A，当收入为 Y_A 时，A 点的利率 r_A 高于产品市场的均衡利率 r_E，即 $r_A > r_E$。这说明，A 点的投资 I_A 小于市场均衡时所需要的投资 I_E，即 $I_A < I_E$。又因为市场均衡的条件为 $I_E = S$，所以在 A 点就有 $I < S$。同理，IS 曲线右边的每一点均有 $I < S$。此时，表现在产品市场上的现象就是出现过剩供给，在市场机制本身的作用下，将导致产出的下降，直至回复到 IS 曲线上的 A' 点。

同样地，在 B 点，B 点的利率低于均衡利率，因此，B 点的投资大于均衡时的投资，所以在 B 点有 $I > S$。同量，IS 曲线左边的每一点均有 $I > S$。此时，产品市场出现超额需求，在市场机制本身的作用下，将导致产出的增加，直至回复到 IS 曲线上的 B' 点。

2. LM 曲线的推导

以上讨论了产品市场的均衡和 IS 曲线，下面也以同样的方法来讨论一下货币市场的均衡和 LM 曲线。

首先，要说说 LM 曲线所代表的含义。LM 曲线上的每一点都代表了货币市场的均衡，代表了货币市场上人们意愿持有的货币数量正好等于实际能够得到的货币数量。而在曲线以外的每一点，此时的货币市场均不处在均衡状态下。下面，仍以图形的方式来推导出 LM 曲线。

如图 4-16，在图中，横轴的左侧表示的是货币的投机需求，右侧表示的是国民收入；纵轴的上侧表示的是利率，下侧表示的是货币的交易需求和预防需求。从第四象限开始，以顺时针的方向来讨论 LM 曲线是如何形成的，而在讨论以前，先回顾一下前面说过的相关内容。

第一，根据凯恩斯的货币需求理论，货币需求的动机分为交易动机、预防动机和投机动机，相应的货币需求也可分为交易需求、预防需求与投机需求，前二者与国民收入相关，是国民收入的增函数，用 L_1 来表示；而投机动机则看作是利率的减函数，用 L_2 来表示，这样，如果用 L 来表示整个货币需求的话，就有 $L = L_1 +$

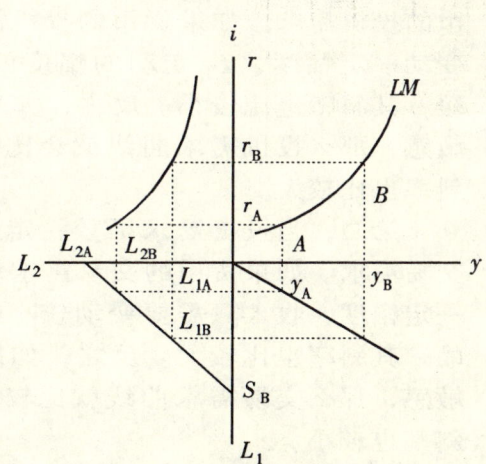

图 4-16 （LM 曲线的推导）

L_2。

第二，使货币市场达到均衡的条件是货币供给等于货币需求，即 $L=M$，这里，将货币供给 M 看作是一个外生变量，也就是说，他是政府可以进行控制的，在讨论时，假设它是不变的。

现在就来推导 LM 曲线的形成。首先，假定此时的国民收为 Y_A，现在因为某种原因上升到了 Y_B，根据前面的内容，知道在这种情况下，货币需求量 L_1 就由 L_{1A} 上升到了 L_{1B}，如第四象限所示；由于货币供应量不变的原因，L_1 的上升，必然就会带来 L_2 的下降，如第三象限所示，L_2 由 L_{2A} 下降到 L_{2B}，而 L_2 的下降将会带来利率的上升，如第二象限所示，就是利率是 r_A 上升到 r_B，将国民收与利率的点在第一象限中描绘出来就得到了 A、B 两点。不断的重复这一过程，就可以得到多个与 A、B 类似的，在货币市场达到均衡时的国民收入与利率相互关系的点，将这些点用平滑的曲线连接起来，就得到了 LM 曲线。

（1）LM 曲线的性质

从 LM 曲线的推导过程中可以知道当货币市场达到均衡时，利率与国民收入是正方向变动，LM 曲线的斜率为正值。而利率变动对国民收入的影响程度，即 LM 曲线斜率的大小，或 LM 曲线倾斜的程度，则主要取决于下面二个因素：

第一，当货币交易需求函数一定时，LM 曲线的斜率取决于货币的投机需求。如果货币的投机需求对利率的变化很敏感，则利率变动一定幅度，L_2 变动的幅度就比较大，从而 LM 曲线就比较平缓，其斜率也比较小。反之，如果货币的投机需求对利率的变动不敏感，那么投机需求曲线就会比较陡峭，则 LM 曲线也较陡峭，其斜率也比较大。

第二，当投机需求函数一定时，LM 曲线的斜率取决于货币的交易需求。如果货币的交易需求对收入的变动很敏感，则利率变动一定幅度，收入只需要变动较小幅度即可，从而 LM 曲线就比较陡峭，其斜率也比较大。反之，如果货币的交易需求对收入的变动不敏感，那么交易需求曲线就比较平缓，则 LM 曲线也比较平缓，其斜率也较小。

在实际生活中，由于货币的交易需求比较稳定，所以一般认为 LM 曲线的斜率主要取决于投机需求。根据不同的利率水平下货币投机需求的大小，可将 LM 曲线划分为三个区域。如图 4-17 所示。

在图 4-17 中，LM 曲线首先是一个水平线，然后向右上方倾斜，当利率上升到一定水平后，就变成了一条垂直线。因为，凯恩斯认为,当利率下降到很低水平时,也就意味着债券价格上升到很高水平,此时人们手中不管有多少货币,人们都不肯去买债券,生怕买了债券价格下跌时要亏损,因而货币的投机需求变成了无限大,即存在流动性陷阱,于是货币投机需求对利率无限大的敏感,LM 曲线成了一条水平线,故将 LM 曲线的水平区域称为"凯恩斯区域"。相反,如果利率上升到足够高度以后,货币的投机需求为零,不管利率如何再上升,货币需求不再变动,原因在于这时债券的价格已经极低,人们估计债券价格只会上涨,不会再跌,因此,就很愿意用货币去买债券,不愿再为投机再持有货币。于是投机需求不再受利率变动的影响,LM 曲线成为一条垂直线。由于古典学派认为不存在货币的投机需求,因此 LM 曲线的这段区域也称之为"古典区域"。介于凯恩斯区域和古典区域之间的是"中间区域"。在这一区域内,货币投机需求随利率上升而减少,于是在货币供给既定的情况下,为保持货币市场均衡,交易需求量必须随利率上升而增加,即收入必须相应增加。于是,在这一区域,利率和收入必须同方向变化,才会使货币市场均衡,这就形成了一条向右上倾斜的 LM 曲线。

LM 曲线的移动

由于 LM 曲线的形成是由货币的投机需求、交易需求(为了方便,在下面的讨论中将交易需求与预防需求简称为交易需求,因为这二种货币需求都是收入的增函数,在讨论问题时不存在本质上的差异)和货币供给共同决定的,因此,LM 曲线位置的移动,主要取决于这三个因素的变动。

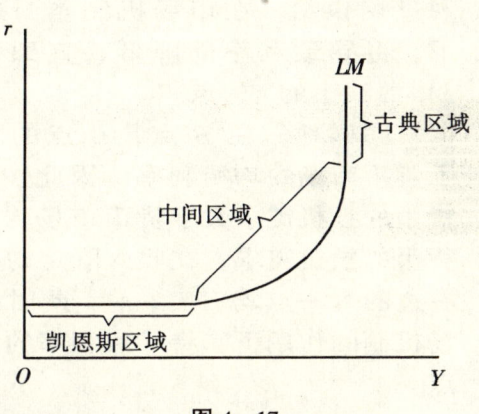

图 4-17

第一,货币供给变动。如果其他条件不变,货币供给量的变动将导致 LM 曲线的同方向移动,即货币供给增加,将使 LM 曲线向右下移动,货币供给减少则引起 LM 曲线向左上移动。

第二,货币投机需求变动。如果其他情况不变,货币投机需求增加,LM 曲线将向左上移动,投机需求减少,则 LM 曲线向右下移动。这是因为,货币供给不变时,货币投机需求增加,货币市场上将出现供不应求,这导致利率上升,同时导致收入下降,从而 LM 曲线向左上移动;反之,货币投机需求减少,则 LM 曲线向右下移动。

第三,货币交易需求变动。如果其他条件不变,货币交易需求增加,货币市场上也会供不应求,同样会导致利率上升,收入下降,LM 向左上移动,反之,则向右下移动。

(2) 货币市场失衡的调节

LM 曲线是所有货币市场达到均衡时利率与国民收入对应点的连线,因此,LM 曲线外的任一点,都代表了货币市场的失衡状况。

如图 4-18 所示,A 为 LM 曲线左边的任一点,B 为 LM 曲线右边的任一点,由于 A、B 两点均不在 LM 曲线上,所以此时代表了货币市场并未处于均衡状态。

在 A 点,与 A 对应的国民收入为 Y_A,利率为 r_A,当收入为 Y_A 时,r_A 高于货币市场的均衡利率 r_E,即 $r_A > r_E$。这说明,A 点对货币的投机需求要小于货币市场达到均衡状态时的货币投机需求,在 Y_A 既定的条件下,A 点的货币需求将小于均衡时的货币需求,即 $L_A < L_E$,又因货币市场的均衡条件是货币供给等于货币需求,即 $L_E = M$,所以在 A 点有 $L < M$。同理,LM 曲线左边的每一点均有 $L < M$。此时,货币市场上出现过剩供给,在市场机制本身的作用下,将导致利率的降低,直到回复到 LM 曲线上的 A' 点。

同样地,在 B 点,B 点的利率低于货币市场的均衡利率,因此,B 点对货币的投机需求大于货币市场均衡时对货币的投机需求,在收入既定的条件下,在 $L > M$。同理,LM 曲线右边的每一点均有 $L > M$。此时,货币市场上出现货币短缺,在市场机制的作用下,将导致利率的上升,最终回复到 LM 曲线上的 B' 点。

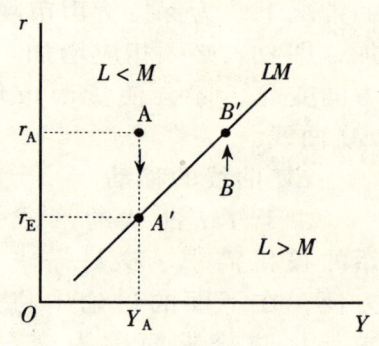

图 4-18 货币市场失衡

3. 产品市场与货币市场的同时均衡与 IS—LM 模型

以上分别讨论了 IS 曲线及 LM 曲线如何推导以及各有些什么性质,下面,就将两条曲线放在同一个平面中,看看产品市场和货币市场是如何同时达到均衡的。

如图 4-19 所示,在图中,IS 曲线与 LM 曲线的交点 E 就是使产品

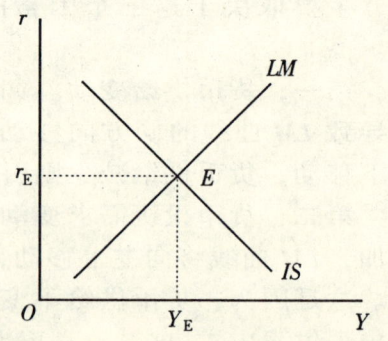

图 4-19 产品市场和货币市场同时均衡

市场和货币市场同时达到均衡时利率和国民收入的组合点,此时的利率为 r_E,国民收入为 Y_E。从图中不难看出,要使产品市场和货币市场同时达到均衡,既可以分别作用 IS 曲线与 LM 曲线,也可同时作用这二条曲线。下面,就讨论当两个市场失衡时市场是如何对其进行调整的。

如图 4-20 所示,IS 曲线和 LM 曲线相交后将整个坐标平面分为了四个区域,综合后即可将产品市场和货币市场失衡的情况分为八种来加以讨论。

在 A 点:A 点处于 IS 曲线上,这就说明此时产品市场达到了均衡,但是 A 点却处于 LM 曲线的左方,有 $L<M$,表明在货币市场上货币需求小于货币供给,货币市场上的供求失衡。

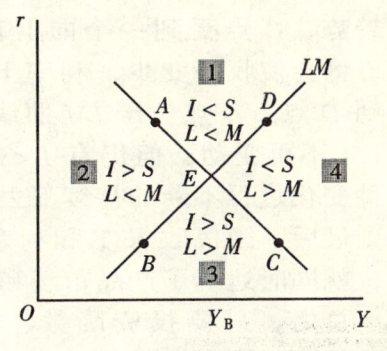

图 4-20
产品市场和货币市场的八种失衡状况

在 1 区域:位于 IS 曲线右方,有 $I<S$,产品市场上总需求小于总供给;同时位于 LM 曲线的左方,有 $L<M$,表明货币市场上货币需求小于货币供给,产品、货币市场同时失衡。

同理有:

在 B 点:$L=M$,但 $L>S$;

在 2 区域:$I>S$,且 $L<M$;

在 C 点:$I=S$,但 $L>M$;

在 3 区域:$I>S$,且 $L>M$;

在 D 点:$L=M$,但 $I<S$;

在 4 区域:$I<S$,且 $L>M$。

因此,只有在 IS 曲线和 LM 曲线的交点 E 处,表明此时产品市场上总供给等于总需求,在货币市场上货币供给等于货币需求,产品市场和货币市场才同时达到均衡。

当经济中出现以上这些失衡状态时,市场经济本身具有将这些失衡向均衡进行调整的力量。从失衡到均衡的调整过程将沿着图 4-21 所示的连线进行。例如,假定社会经济的实际收入和利率的组合处于 A 点的非均衡状态。在 A 点,一方面有 $I>S$,存在超额的产品需求,导致国民收入 Y 有增加的趋势,使 A 点受到一个向右移动的水平作用;另一方面,有 $L>M$,存在超额的货币需求,导致利率 r 有上升的趋势,使 A 点又受到一个向上移动的力的作用。在两种力量的同时作用下，将导致收入与利率同时变动，向两种力量的对角线方向移动，到达 B 点。B 点位于 IS 曲线上，有 I = S，实现了产品市场的均衡，Y 不再变动；但 L > M 仍然存在，利率 r 仍有上升的趋势，故 B 点会继续上升至 C 点。在 C 点，有 I < S，存在超额的产品供给，导致国民收入 Y 有减少的趋势，使 C 点受到一个向左移动的水平作用；同时 L > M 仍然存在，利率 r 还是有上升的趋势，C 点受到一个向上移动的力的作用。两种力量的同时作用，将会使收入变少，利率上升，向两种力量的对角线方向移动，达到 D 点。D 点位于 LM 曲线上，有 L = M，实现了货币市场的均衡，r 不再变动；但仍有 I < S，Y 仍将继续下降，向左平行移动。这种变化过程不断的持续下去，点的变化就会越来越接近均衡点 E，直到最后，国民收入 Y 和利率均移动到 IS 曲线与 LM 曲线的交点 E 处，就同时达到了产品市场和货币市场的均衡。

总之，只要投资函数、储蓄函数、货币需求函数与货币供给不变，就可以确定产品市场与货币市场同时达到均衡时的均衡点，即 IS 曲线与 LM 曲线的交点。任何不在均衡点上的利率与收入的组合都属于失衡状态，而这种失衡状态在市场机制本身的作用下，都是不稳定的，并最终都将达到均衡。这是因为，从产品市场上看，I > S 会导致生产和收入的增加，I < S 则会导致生产和

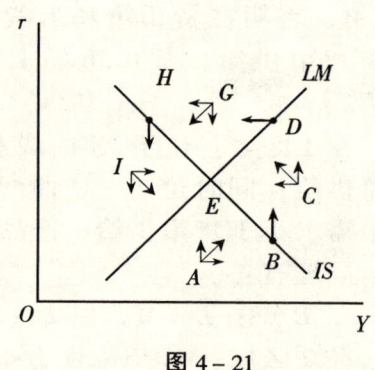

图 4-21
两个市场失衡的调节过程

收入的减少，直至 I = S；同时，从货币市场上看，L > M 会导致利率上升，L < M 则导致利率下降，直至 L = M。这样，任何非均衡的 r 与 Y 便在经过了市场的充分调整后，逐步从失衡状态回到了 I = S、L = M、IS = LM 的均衡状态。

六、对于经济失衡问题的观点及处理方法

以上，以凯恩斯的理论为主线，大致介绍了国民经济如何在宏观经济层面进行运行，在有了这些理论基础后，下面就来看看，为了解释"经济人"对于为什么会出现如此多的市场经济失灵的问题而感到的疑惑，都有哪些比较流行的观点。

在前面提到的"经济人"感到困惑的四个主要方面，经济增加的问题相对比较深奥一些，已经超出了本书的讨论范围；而国际收

支的平衡更多的可以放在国际经济学或者开放宏观经济学中进行讲述。因此，这里主要介绍一下与人们平常生活最为密切的通货膨胀与失业的问题及其解决措施。

（一）失业

1. 失业及其分类

失业是有劳动能力的人想工作而找不到工作的社会现象。所有那些曾受雇以及正在变换工作岗位或未能按当时通行的实际工资率找到工作的人都是失业者。就业者和失业者的总和，称为劳动力。失业者占劳动力的百分比称为失业率。

一般来说，失业按其成因大致可分几类：

摩擦性失业，它是因劳动力市场运行机制不完善或因经济变动过程中工作转换而产生的失业。它被看作是一种求职性的失业，即一方面存在职位空缺，另一方面存在着与此数量对应的寻找工作的失业者，这是因为劳动力市场的信息不完备，厂商找到所需要的雇员和失业者找到合适的工作都需要花费一定的时间。

季节性失业指某些行业中由于工作的季节性而产生的失业。如农业、旅游业等等，在需求淡季时就会存在失业。

周期性失业指经济周期中的衰退或萧条阶段因需求下降而造成的失业。在经济衰退时期，产品的生产和需求下降，因有效需求不足而使部分工人失业，这种失业是和经济的周期变化联系在一起的。

需求不足型失业。凯恩斯认为，如果一个经济的有效需求水平过低，不足以为每一个愿意按现行工资率就业的人提供就业机会，即失业人数超过了以现行工资率为基础的职位空缺，由此产生的失业就是需求不足型失业。另一方面，如果需求的增长速度慢于劳动力的增长速度和劳动生产率的提高速度，由此产生的失业可称为增长不足型失业。上述的周期性失业和增长不足型失业都是需求不足型失业的两种类型。但周期性失业是需求的短期下降造成的，而增长型不足失业则属需求长期跟不上劳动力增加和劳动生产的提高。这些都是凯恩斯主义的观点。按照新古典学派的见解，工资水平是有弹性的，它能调节劳动市场的供求，在有效需求不足的情况下，劳动者之间的竞争会使实际工资下降，从而使劳动的供给减少，对劳动的需求增加，从而消除需求不足型失业，所以他们不承认存在这类失业。

技术性失业指由于技术进步，或采用了节约劳动的机器而引起的失业。这种失业是由于资本代替了劳动，从而造成工人失业。

结构性失业指因经济结构变化，产业兴衰转移造成的失业。这种失业的特点也是失业与职位空缺并存。结构性失业与技术性失业有部分重叠，但除技术进步排挤劳动力之外，国际竞争、非熟练工作、缺乏培训、消费习惯的改变等等都有可能导致结构性失业。结构性失业与摩擦性失业也有差异，两者共同的特点是职位空缺与失业并存，但结构性失业更强调的是空缺职位所需要的劳动技能与失业工人所具备的劳动技能不相符合，或空缺职位不在失业人员所居住的地区，或失业工人无力支付高额的培训费用和迁转费用，因此尽管失业工人能够获得劳动市场有关职位空缺的信息，也无法去填补空缺的职位。

自愿失业指工人所要求得到的实际工资超过了其边际生产率，或不愿意接受现行的工作条件而未被雇佣，这种失业在西方不被看作真正的失业。

2. 充分就业和自然失业率

充分就业几乎在任何时期都是政府的头号问题，同时也是其关注的头号目标。怎样才算充分就业？正如上面所述，充分就业并不是百分之百的就业，因为即使有足够的职位空缺，失业率也不会等于零，也仍然会存在摩擦性失业和结构性失业。在一个日新月异的经济中，永远会存在职业流动和行业的结构性兴衰，所以总会有小部分人是处于失业状态的。

有关充分就业的定义，西方经济学家曾提出几种说法。凯恩斯认为，如果非自愿失业已消除，失业仅限于摩擦失业和自愿失业的话，就实现了充分就业。另外一些经济学家认为，如果空缺职位总额，恰好等于寻业人员的总额即需求不足型失业等于零，也实现了充分就业。还有些经济学家认为，如果再要提高就业率，必须以通货膨胀为代价的话，那么也就是实现了充分就业。

与充分就业相联系的一个概念是自然失业率。是由货币主义的代表人物弗里德曼提出这一概念的，它是指在没有货币因素干扰的情况下，让劳动市场和商品市场的自发供求力量起作用时，总需求和总供给处于均衡状态下的失业率。所谓没有货币因素干扰，指的是失业率高低与通货膨胀率高代之间不存在替代关系（关于两者的关系，后面将会讨论到）。要确定一定时期中自然失业率的大小比较困难，因为它取决于劳动力市场的结构特征，并且随时间的推移不断变化，技术进步的速度，劳动力和劳动生产率增长的速度，获取劳动力市场信息的费用和寻找就业机会的成本等等都会对其产生影响。

3. 失业的代价

失业会给社会和个人都带来损失,这就是社会和个人为失业而付出的代价。美国经济学家奥肯提出了著名的"奥肯法则",即失业率每上升1%,经济社会的 GDP 就会相对于其潜在的 GDP 下降2%。

失业给失业者本人及家庭也造成了损失。他们失去了本来用劳动可以换得的收入。失业津贴虽然会减轻他们一点这方面的损失,但毕竟弥补不了全部。而且对整个社会来说,失业津贴也是从有工作的家庭和企业所纳税金中筹得的,因而,失业津贴也是加给社会的负担。

(二) 通货膨胀的解释及其对策

资料:在我国的经济学界,普遍地认为:1978年以前,中国的失业和通货膨胀都是隐性的;而改革开放后,失业和通货膨胀成为中国宏观经济中的一对主要矛盾。见附图4-6和附图4-7:

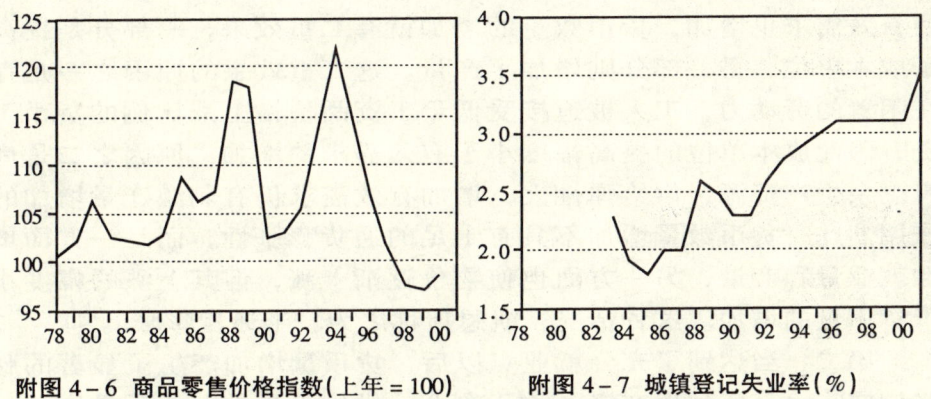

附图4-6 商品零售价格指数(上年=100) 　　附图4-7 城镇登记失业率(%)

1. 凯恩斯及其追随者们对于通货膨胀的解释及其解决措施

这里首先遇到的问题就是应该首先明确一下什么是"通货膨胀"。

一直到现在,对于什么是通货膨胀的标准定义仍没有一个比较统一和明确的意见,一般来说,物价水平在一定时期内持续的,比较大幅度的上涨过程就可以称之为通货膨胀。

在通货膨胀问题上,西方的金融理论阵营分为两大派别:一是认为通货膨胀对经济的发展有利,主张用通货膨胀的办法发展经济,促进就业,这就是所谓的"促进论";二是认为通货膨胀对经济的发展不利,主张稳定货币。一般来说,凯恩斯本人及新古典综合派(凯恩斯的追随者之一)属于前者,而其他学派则属于后者。下面就分别加以介绍。

（1）凯恩斯的半通货膨胀理论

凯恩斯所处的年代，通货膨胀这一经济现象并不是很普遍，对经济的影响也不是十分突出，凯恩斯早期只是对货币与物价的关系进行了研究，认为货币数量的变动直接影响物价的变动。但在1936年其名著《就业、利息和货币通论》中，他从分析货币量变动影响物价的传导机制出发，修正了这一观点，认为货币量变动对物价的影响是间接的，并且影响物价的因素除货币量之外还有成本单位和就业量等多种因素，货币量仅是影响物价变动的众多因素之一。因而，凯恩斯并不赞同任何货币数量的增加都会引起通货膨胀的观点，而货币数量的增加是否具有通货膨胀性，关键要看整个经济社会是否达到了充分就业的状态。凯恩斯认为货币数量增加后，在充分就业这个最后分界点的前后，其所引起的膨胀程度是不一样的，一般来说有两种情况。

第一、在达到充分就业分界点之前，货币量增加后，就业量随有效需求的增加而增加。因为在该点以前，货币数量的增加，均能使有效需求也增加，货币数量的增加就有二重效果，一部分是提高了成本单位，另一部分则增加了产量。这二重效果的原因之一是存在闲置的劳动力，工人被迫接受低于工资品价格上涨比例的货币工资，因此成本单位的提高幅度小于有效需求的增加；原因之二是尚有剩余生产资源，供给弹性大，增加有效需求仍有刺激产量增加的作用。此时货币数量增加不具有十足的通货膨胀性，而是一方面增加就业量和产量，另一方面也使物价逐渐上涨，但其上涨的幅度小于货币量的增加。这种情况，凯恩斯称之为"半通货膨胀"。

第二、当达到了充分就业点以后，货币量增加产生了显著的膨胀效应。由于各种生产资源均无剩余，供给无弹性，货币量增加后有效需求也提高，但就业量和产量却不再增加，增加的只是边际成本中各生产要素的报酬，即成本单位。特别是工人增强了对工资下降的抵抗力，货币工资必然随工资品价格作同比例增加，此时物价就随货币量的增加而上升，形成绝对的通货膨胀。在这种情况下，凯恩斯认为才是达到了真正的通货膨胀状态。

在这里凯恩斯的理论其实暗含了这样一个意思，即充分就业是一种例外，而小于充分就业才是经济生活中的常态。因此，他认为，从现实中来看，增加货币数量只会出现利多弊少的半通货膨胀的情况，而不会出现真正的通货膨胀，这成为了他提倡膨胀性货币政策的理论基础。

（2）凯恩斯追随者的通货膨胀理论

在凯恩斯提出半通货膨胀理论并实施之后，通货膨胀逐渐在西方各国蔓延。尤其是60年末以来，通货膨胀在各主要资本主义国家加快了其运行速度，但其结果却并末向凯恩斯所预言的那样对经济的发展起到促进作用，相反地却使经济增长速度减慢，甚至陷入到了经济的停滞或衰退状态，爆发经济危机。因此，从20世纪70年代开始，西方大多数资本主义国家都发生了生产萎缩、失业激增以及物价同时上涨的所谓"滞胀"局面。如何医治通货膨胀成为了一个严峻的问题摆在经济学家的面前。各国的经济学家也纷纷提出各种各样的通货膨胀理论及其医治方式，目的是企图凭借这些理论和政策的力量，使资本主义经济能够持久地稳定增加，达到充分就业的水平。下面就简单介绍一下凯恩斯的主要追随者新古典学派在这方面的观点看法及政策主张。

新古典综合学派对通货膨胀的成因的解释

在通货膨胀成因的问题上，新古典综合派提出了两种观点，即"需求拉上说"与"成本推动说"。

"需求拉上说"

"需求拉上说"是从货币需求的角度来寻找通货膨胀的成因。

该理论认为所以产生一般性物价上涨的通货膨胀，是因为各国政府采用了扩张性财政货币政策，刺激了有效需求。当货币需求大于商品供给时，就形成了通货膨胀缺口，牵动物价上涨，导致通货膨胀。这是20世纪60年代以前包括凯恩斯在内的整个凯恩斯学派的共同认识。所不同的是凯恩斯是以充分就业为界来判断是否发生了真正的通货膨胀，而现代凯恩斯主义则更加强调总供给与总需求的平衡。

那么，根据凯恩斯本人的看法，只要存在失业，就不会出现真正的通货膨胀，最多也就是出现半通货膨胀的情况。但从20世纪50年代以后，通货膨胀持续存在并日益严重，失业与物价上涨并存，凯恩斯的半通货膨胀理论显然对此无能为力。于是以其忠实的追随者汉森教授为首的一些人就从另一方面寻找通货膨胀的成因，提出了需求拉上说。他们认为：需求创造供给的必要条件是资源的充分存在。一旦总需求超出了由劳动力、资本及资源所构成的生产能力界限时，总供给将无法再增加，这就形成了总需求大于总供给的膨胀性缺口，这个缺口通常由商品缺口和生产要素缺口组成。只要存在通货膨胀缺口，物价就必然会上涨，以此来填补供小于求的缺口。由于此时需求的增加对供给的增加已经失去了刺激作用，因此，即使失业存在，物价也照涨不误，失业就会和通货膨胀同时存在，共同作用。

案例研究 4-7：从一段相声看我国 1988 年通货膨胀的起因[①]

著名相声演员姜昆先生表演过一个相声段子，大意说有一天老百姓突然相信价格会很快上涨，于是有人进行囤积性采购，最离奇的是一位街坊邻居，竟然买了一大桶酱油、一洗澡盆米醋、一抽屉味精、一屋子面粉等等。相声题材虽属艺术虚构，但说明了经济学道理。我们知道，通货膨胀代表了一种特殊税收，如果人们能够预见将要发生严重通货膨胀，一种理性应对行为就是事先购买很多商品，因为只要物品储存成本低于未来物价上升幅度，事先囤积就可能减少损失。当然，预期是对未来变动趋势的猜测和判断，它可能出错。错误预期支配的行为，不仅不能减少损失，反而会带来更大损失。相声结尾处，居委会大妈高喊一声："不涨价了！"那位囤积很多酱油和白面的街坊肯定会损失不小。相声段子暗含的最要紧的道理是：如果我们每个人都像那个街坊那样笃信物价将要上涨，都从银行取钱到市场上抢购酱油、面粉和其他商品，导致商品市场需求在极短时间内急剧上升，由于生产供给难以立刻对需求变动作出充分反应，必然会发生需求拉动型通货膨胀。这一现象的实质是：人们由于预期物价上涨而抢购，物价由于人们抢购行为而上涨，结果导致通货膨胀预期自我实现。

"成本推动说"

"成本推动说"是从供给方面寻找通货膨胀的原因。

该理论认为，当代社会中存在着强有力的两大集团，即工会组织和雇主协会，工会组织有提高工资的力量，雇主协会有操纵市场价格的力量，因此，在总需求不变的情况下，这两大组织能够人为地提高商品的供给价格，在短期内引起物价上涨，形成通货膨胀。如果政府为了避免失业增加和经济萧条，采取扩张性的财政政策和货币政策来默认由于提高供给价格所导致的成本上升，那么物价势必呈螺旋形地上涨，即持续性的通货膨胀。这样由于供给本身的价格而引起的成本上升，从而导致物价普遍上涨的通货膨胀，称之为成本推动的通货膨胀。根据成本的各个组成部分在刺激物价上涨过程中的作用，具体可分为：

工资成本推动。由于工会力量强大，雇主无力抵制工会增加工资的要求。工资提高后生产成本上升，雇主们又不得不提高价格，接着工会又以此为借口提高工资，形成螺旋型的物价上涨趋势。

[①] 卢锋，《经济学原理》，北京大学出版社，第 597~598 页

间接成本推动。现代企业为了加强竞争，扩张市场，必须增加许多间接成本开支，如技术改进费，广告费等，这种增加的间接成本转嫁到商品价格上去，就会引起物价上涨。

垄断价格推动。由于市场上存在着一些垄断资本企业，他们为了获取垄断利润，大幅度地提高垄断价格，也带动了其他商品的价格普遍上涨。

进口成本推动。由于许多商品的原材料是进口货，随着进口品的价格提高，引起国内商品的价格提高。在固定汇率制下又称为通货的国际传递。

以上主要介绍了新古典综合学派对于通货膨胀成因的分析，但是在20世纪70年代，在西方主要资本主义国家所出现的主要问题却是"滞胀"，即通货膨胀与失业同时并发，一方面存在经济停滞与较为严重的失业局面，另一方面又是持续的通货膨胀和物价上涨。这种"滞胀"的局面用标准的凯恩斯宏观经济分析方法已难以从需求方面做出合理的解释，于是以萨缪尔森、托宾（James，Tobin）为首的后凯恩斯学派又转而采用微观经济分析法并着重从供给方面来研究滞胀问题。

对滞胀的解释

部门供给说：认为滞胀是某些部门产品供给异常变动所致。当某一部门产品供不应求时或稀缺性增强时就会导致价格上涨，由于将带来相关部门因成本上升而不得不提高售价，却造成销路大跌的结果，生产萎缩，就业下降，致使通货膨胀与失业同时存在。

财政支出说：认为滞胀是由于财政支出结构变化所致。根据凯恩斯的理论，通货膨胀之所以具有缓解失业的作用，是因为政府将此膨胀性收入运用于公共工程等投资性支出，政府投资的增加并通过乘数效应提高了社会的投资水平和有效需求，刺激生产，扩大就业。但在当代资本主义"混合经济"中，各执政党为了政治上的需要，都把建立国家福利制度作为其执政的一大目标，作为争取选民的一种手段，财政支出中的福利费用大大增加，特别是失业补助之类的转移性支付占了财政支出的很大比重。财政支出的这种结构性变化，不仅失去了刺激生产、扩大就业的作用，而且使得失业者不急于找工作，从而扩大了庞大的失业大军，因为有失业补助金，即使失业工人一年不工作，收入也不会减少太多，与此同时，财政支出中福利费用上升使得财政赤字有增无减，加强了通货膨胀。

市场结构说：认为滞胀是由于劳工市场结构的不平衡所致。这是由于劳工市场的均衡是暂时的，而失衡即失业与空位并存是经常的和大量的。在劳工市场的失衡状态下，工人们从过渡供给转移到过渡需求市场，从低工资转移到高工资市场，这种转移虽然具有促使失业与空位趋于均衡的作用，但由于产品生产、技术革新、部门结构、地区差别等变化的涌现，新的失衡总是不断产生。在不断的失衡过程中，失业对货币工资增长速度的减缓不及空位对货币工资增长的速度来的更快，于是出现了以下情况：第一，当失业与空位并存时，连续的失业增量对降低通货率的影响是递减的，这是因为存在着的空位抵制了货币工资的下降，从而使物价仍然上涨不止。第二，当空位多于失业时，劳工市场的过度需求刺激了工资膨胀，势必加速货币工资的增长而导致通货膨胀。第三，即使空位总额等于失业总额时，由于劳工市场的分散性和市场结构的不断变化，劳工市场的失衡状态依然存在，并因空位促使货币工资上升的幅度大于失业导致的货币工资下降的幅度而引起物价上涨。所以，托宾认为，在空位和失业相等意义上的充分就业是与稳定物价相矛盾的。要保证无通货膨胀就需要失业多于空位，若失业不多于空位，就必然带来通货膨胀。即使在均衡的劳工市场上，由于其工资增长率取决于在别处可以比较的劳动工资变化趋势，雇主们为维持于自己有利的就业份额，宁愿付出竞争性工资，由此将提高货币工资水平。

解决通货膨胀的措施

以上简单的介绍了新古典综合派对于通货膨胀成因的解释，从政府主张上看，新古典综合派基本上属于"促进论"，即认为通货膨胀对经济的发展是有好处的，但他们认为通货膨胀并不是越高越好，应该把握一个"度"，超过了一定界限，必须要加以抑制。他们认为，抑制通货膨胀主要应采取宏观财政政策和货币政策，根据经济运行情况的变化，对财政政策和货币政策进行适当的松紧搭配使用。松是指膨胀性的政策，紧是指收缩性的政策，松紧搭配是指膨胀性财政政策和收缩性的货币政策相配合，或者相反，膨胀性的货币政策与收缩性的财政政策相配合。在综合运用财政政策、货币政策的同时，配合实行收入政策和劳工政策等其他措施，就能有效地抑制通货膨胀。

财政政策

通过调整财政支出结构，减少赤字来消除滞胀。主要措施是：1．实行投资赋税优惠，以便"强有力地刺激工商业进行投资"。2．变更或暂时取消耐用消费品税，扩大人们的购买需求。3．总失业率超过某一界限时，根据情况决定减少还是停止发放失业津贴补助。因为当大量的失业人口存在时，如果仍然给予失业补助，只会削弱他们寻找工作的动力，不利于扩大就业。4. 削减财政赤字、控制政府支出。他们认为，相对于货币增长来说，财政赤字对通货膨胀具有更为强烈和更为实在的影响。因此，抑制的财政政策是取得反通货膨胀成功一个既重要又必要的措施。

货币政策

主要措施有两条：一是减缓货币供应量的增长速度。他们与货币主义等其他流派的分歧在于，他们不同意采用"急刹车"的办法来控制供应量，认为"急刹车"会在生产、就业、投资上付出极大地代价。而主张选择所谓的"软着陆"的办法使经济比较平稳地恢复正常。二是控制实际利率。如托宾建议发行一种可以买卖的具有购买力保证的公债，以控制资本在国际间流动，通过在公开市场上逐步增加这种公债的买卖帮助中央银行来控制实际利率，并增加其对投资市场的影响。

收入政策

收入政策主要是采取工资——物价管理政策，以阻止工会和雇主协会这两大集团互相抬价所引起的工资、物价螺旋上涨趋势。收入政策可以采用如下两种形式。1. 以指导性为主的限制。这种限制分两种情况：对特定的工资或物价进行"权威性劝说"或施加政府压力，迫使工会和雇主协会让步；对一般性的工资或物价，由政府根据生产率平均增长幅度确定工资和物价增长标准作为工会和雇主协会双方协商的指导线，要求他们自觉遵守政府规定的工资物价增长标准。2. 以税收为手段的限制。政府以税收作为奖励和处罚的手段来限制工资——物价的增长。如果增长率保持在政府规定的范围内，政府就以减少个人所得税和企业所得税为奖励；如果超出政府规定的界限，就以增加税收作为处罚。3. 强制性限制。即由政府颁布法令对工资和物价进行管制，甚至实行暂时的冻结。70年代初，美国总统尼克松所实行的新经济政策中，就包括这种强硬的管制性收入政策。

劳工政策

通过改善劳工市场状况、消除劳工市场上的不完全性，以克服结构性失业。主要措施是：对劳动者进行重新训练；提高有关劳工市场的信息，指导和协助失业人员寻找工作；增大劳动者在地区或职业方面的流动性，优先发展劳动密集型和技术熟练程度要求较低的部门以扩大就业；由政府直接雇拥私人不愿雇拥的非熟练工人，在让他们从事对社会有益的事业中得到训练和培养，提高其劳动技能和就业能力。

以上简单介绍了凯恩斯及其追随者在通货膨胀问题上的观点和政策主张。在20世纪60年代，由于在经济发展过程中出现了许多凯恩斯理论所无法解释的问题，尽管其追随者（如新古典综合学派）也在努力加以完善和修补其理论，但其他一些有影响的理论也因其对当时现实情况所具有的强烈指导意义而为大众所知，下面就简单的介绍一下其中最有名的二个理论，即货币学派与理性预期学派的理论和政策主张。

2. 货币学派

在反对通货膨胀问题上，货币学派提出的口号之响亮，态度之坚决，都是其他自由主义经济学派所不及的。弗里德曼作为反对通货膨胀的旗手，对通货膨胀问题作了全面和细致的研究，形成了颇具特色的完整理论，并成为其政策主张的主要依据。

（1）通货膨胀的原因

弗里德曼说：特定的物价和总的物价水平的短期变动，可能有许多原因。但是长期而持续的通货膨胀却随时随地都是一种货币现象，是由于货币数量的增长超过总产量的增长所引起的。他认为，承认并正视通货膨胀是货币量过多所引起的货币现象这个命题的重要性，在于它可以指导人们去寻找通货膨胀的基本原因和确定其治疗方法，因此它是正确认识通货膨胀和有效防治通货膨胀的关键和开端。

进一步的问题是，为什么会有货币量的过度增长呢？弗里德曼认为，货币量过多的直接原因有三个：

第一，是政府开支的增加。当政府增加名目繁多的开支时，弥补支出的来源有两种方式：一是采用增税或向公众借债的方式取得来源，这种方式虽然因政府支出增加被私人消费和投资减少所抵消而不会产生通货膨胀，但却在政治上不得人心，因此被绝大多数政府舍弃而采用另一种方式，即增加货币数量，但其结果必然是通货膨胀。

第二，是政府推行充分就业的政策。20世纪30年代的经济大危机以后，人们对失业比对通货膨胀怀有更大的戒心，政府许诺执行充分就业政策就能拉拢民心，争取选票。为了讨好公众，政府一方面制定不恰当的过高的充分就业目标，另一方面采取增加货币量，扩大政府支出的办法来提高就业水平。于是一旦有经济衰退的迹象时，政府就立即实行膨胀性的政策来刺激经济；当制止通货膨胀的措施在短期内不能增加就业时，政府立即放弃制止手段而采用更高的通货膨胀来换取就业的微量增加，以致形成通货膨胀率与失业率交替上涨的恶性循环。

第三，中央银行实行错误的货币政策。首先是货币政策的目标依据。例如美国的中央银行（联邦储备体系）把维持充分就业作为货币政策目标。中央银行扩大就业的唯一手段就是增加货币供应量，使商业银行有能力进行更大规模的贷款；但这样做的结果无法保持长期真正的充分就业，却带来了通货膨胀。弗里德曼认为，中央银行货币政策的另一错误是把控制目标定在他不能控制的利率上。中央银行应该控制而且有能力控制的是货币供应量，但联邦储备体系却把力量放在了控制利率上，显然，结果只能是失败。

综上所述，弗里德曼认为，通货膨胀的真正原因在于货币供应增长率大于经济增长率，而货币量过多的原因都出自政府的错误政策和行为。他们一手造成了通货膨胀，却还要嫁祸于他人。因此，普遍、持续的物价上涨，就是由于货币发行过多所致。

（2）通货膨胀的危害与治理措施

弗里德曼认为，通货膨胀虽然可以给政府带来收入，可以在短期内呈现良好的初始效果，但是，当通货膨胀持续进行的时候，人们很快就发现他们手中的货币虽然数量多了一些，但可购买的东西却少了；工商业企业主发现销售收入虽然扩大了，但成本也上升了。这就迫使他们把工资和物价抬的更高，否则，将遭受通货膨胀的损失。于是，恶果开始呈现：被抬高的物价、通货膨胀与经济停滞连在一起。如果不是采取强硬措施有效地制止通货膨胀，这种恶果将会愈演愈烈，不仅破坏市场活动的正常进行，导致经济混乱和危机，严重的话还将带来政治动荡。

通过上述分析，弗里德曼相信，制止通货膨胀的办法只有一个，出路也只有一条，就是减少货币的增长。他说，正因为过多地增加货币量是通货膨胀的唯一原因，所以，减少通货增长率也就是医治通货膨胀的唯一办法。他认为，只有把货币供应增长率最终下降到接近经济增长率的水平，物价才可望大体稳定，而后，政府采用所谓的单一规则（即保持货币供应量的增长不变）来控制货币供应量，就能有效地防止通货膨胀。其他制止通货膨胀的办法诸如控制物价和工资都是行不通的，不仅因为药不对症而无效，反而会加剧病症。因为"为了反通货膨胀的目的而控制物价和工资是不利于生产的。控制破坏了价格结构，降低了价格系统作用的有效性，引起了生产下降，从而加重而不是减轻了医治通货膨胀的副作用"。因此，在弗里德曼看来，除了控制货币供应量以外，其他方法都是不可取的。

第四篇　"经济人"行为的外部不经济与政府干预

弗里德曼认为，制止通货膨胀是"知易行难"。制止的方法虽然简单明白，但实施起来却因为存在着许多障碍而困难重重。这些障碍主要来自于医治通货膨胀初期所产生的不良反应。由于时滞效应的存在，在治理通货膨胀的最初一段时间内，经济增长降低，失业率增加，而物价的下降却不大。

传导机制分析表明，货币供应量变动后同适应这一变化而进行的产量和物价的充分调整之间存在着时间上的滞后。通货膨胀的发生有一个时间过程，通货膨胀的制止也需要一段时间。在这段时间里，开始的效果和最终的效果是不同的。与发生通货膨胀的初始效果是暂时的繁荣相反，制止通货膨胀的初始效果是暂时的衰退。这种暂时衰退的副作用是治疗过程中难以避免的传导反应，是人们的信息传播不灵敏，预期缓慢地变化、调整没有迅速跟上等原因所造成的。因此，这种初始效果是暂时的，当制止通货膨胀的传导继续进行下去，人们的预期适应了变化的形势，并根据修订的预期采取调整行动后，治疗的良好效果就会显现出来：生产恢复并稳定上升，就业增加，通货膨胀率下降，物价稳定、市场繁荣，经济进入稳定发展的正常轨道。这种结果才是长期的、真实的。遗憾的是，许多人看不到这种时间上的延迟所引起的失真现象，把初始效果误以为是制止通货膨胀的最终结果，从而当局便中断制止通货膨胀的办法，又继续增发货币提高货币增长率，于是导致通货膨胀愈演愈烈。因此，弗里德曼认为，制止通货膨胀最重要的政治障碍主要有以下几点：第一，政府对充分就业所做出的承诺；第二，一般公众不认识制止通货膨胀所引起的不可避免的或暂时的副作用；第三，政治领袖们不愿意或者说也无法说服公从接收这些副作用。

弗里德曼认为，面对通货膨胀，人们只有两种选择：第一种情况是使物价上涨继续下去，或者加速上涨。在这种情况下，每个人都会受到打击。而现实所做的一切只是把不幸的日子往后推迟了而已。第二种情况是你经历了一个困难的时期，而这个困难的时期是为了有效地治好物价上涨带来的副作用。对每个人来说，这意味着一年或更长时期的低经济增长，相对多的失业人数和收入的缓慢增长。然而，任何一个有理智的人他都应该选择后一种情况。因为世界上不存在十全十美的选择，在短期内，没有任何制止通货膨胀的办法既能产生良好的效果又能保证每个人都不受到损失，长痛不如短痛。制止通货膨胀不仅需要决心和适当的政策，还要具有不凡的耐力和远见。

问题的另一方面是，如果采用减轻其副作用的措施，就能够更快制止通货膨胀。弗里德曼认为,减轻副作用的措施主要有两条:第一,减轻副作用最重要的方法,是事先宣布一个逐步稳定地降低通货膨胀的政策,并一定要坚决的执行,使政府的政策得到公众的信赖。逐步进行和事先宣布,是让人们有时间调整其安排,并促使他们这样去做,只要坚持执行,人们就会从长期考虑来安排他们的生产经营活动,调整资产组合,从而减少因通货膨胀而产生的生产下降、失业上升等临时副作用。第二,是广泛地使工资合同及其他合同指数化,即长期合同应包括名义价格可以自动调节以抵消通货膨胀的条款。这一措施的实质是排除通货膨胀的影响,使合约能按实际量而不是名义量来缔结。例如,工资合同中应把通货膨胀率作为一个附加的追加率,如果通货膨胀率低,这个追加率就低,通货膨胀率高,这个追加率也跟着变高,保证工资的实际购买力不变。存贷款利率也应采取这一措施,以保证实际利率不受通货膨胀率的影响。(从现实的情况来看,这一条并不容易实现,因为指数化相当的复杂,在实际操作中并不易实现)

当然,以上两条措施都只能相对地减轻副作用而不能完全消除它。制止通货膨胀的最好办法是不要沿着通货膨胀的道路走下去,而是坚定的采取固定货币供应增长率并且为广大公众所知的方法,有效地进行预防是上策。

案例研究4-8:20世纪80年代阿根廷的恶性通货膨胀[①]

在20世纪80年代的大部分时间里,阿根廷一直是一个典型的经济案例,年通货膨胀率平均达到450%,1990年初之前的12个月其通胀率更飙升至20000%。在这种情况下,经济活动的主要目的只是避免通胀吞噬一切。作家V.S.保尔访问了阿根廷,与一位具有远见卓识的幸存者、阿根廷商人约格交谈,约格告诉奈保尔:

通胀使你终日战战兢兢。我们公司所在的产业只能给你4天到5天的赊账。否则在这样的通胀下,流动资本就会被扼杀。通胀的另一个负面影响是人们不再关心生产力乃至技术,而所有进步的秘密全在于生产力。然而在世界任何地方,生产力的年增长不可能超过3%~4%。而在我国这样的通胀下,只要你知道应该在何时何地进行投资,一日之内你就可以赚取10%(当然是名义回报而已)……保护你的流动资产比包括技术在内的长期目标更重要,尽管你希望两者兼顾。

---

① 斯蒂格利茨,《〈经济学〉小品和案例》,中国人民大学出版社,1998年版,第172~173页

这是通胀的不可避免的恶果,即货币疾病。你的钱分崩离析,就像癌症。

你得过且过。当通胀率超过每天1%,你别无选择。你放弃计划,只要可以支撑到周末就会感到满足。然后我就会呆在贝尔格拉诺的公寓里阅读有关古代板球比赛的书籍。

人均而言,目前我们比1975年贫穷25%。真正的受害者是你看不见的穷人、老人和年轻人。他们被赶出大型火车站……那些人是阿根廷生活中的游民和弃儿,像大海的浪花。

阿根廷的高通胀终于出现一个充满希望的转机。1989年刚刚当选总统的卡洛斯·梅内姆宣布了通过财政和货币政策反通胀的计划。此外,他还支持许多以市场为导向的经济改革,包括在1991年初任命由哈佛大学培养的经济学家多明戈·卡瓦洛为经济大臣。在20世纪90年代初期,通胀已降为每年30%左右,真实GDP的增长达到每年5%,超过了约格的想象。

3. 理性预期学派的通货膨胀理论

理性预期对菲力普斯曲线的批评

在通货膨胀与失业关系的问题上,凯恩斯学派的理论可以用菲力普斯曲线来说明,如图4-22,图中的横轴表示失业率,纵轴表示工资上涨率,通常可以将它看作通货膨胀率的代表。从图中可以看出,两者具有此消彼长的交替关系,即失业率上升,通货膨胀率下降,反之,要降低通货膨胀率,就不得不付出失业率上升的代价。因此,政府就可以依据菲力普斯曲线来权衡利弊,在两间进行选择转换,调节和管理国民经济。滞胀的出现只表现二者互换的代价更大了,而并不改变二者的相互消长关系。

货币学派依据适应性预期,提出了自然失业率假说来反驳凯恩斯学派的理论,认为由于失业率与实际工资相关而与名义工资没有什么联系,菲力普斯曲线所描述的关系只能在最初人们没有预期到的名义量和通货膨胀变化引起劳资双方误解时才成立,一旦劳资双方的适应性预期产生作用后,初期所下降的失业率又会回到自然失业率的水平,因此菲力普斯曲线在短期内可以存在,但在长期内是不存在的。

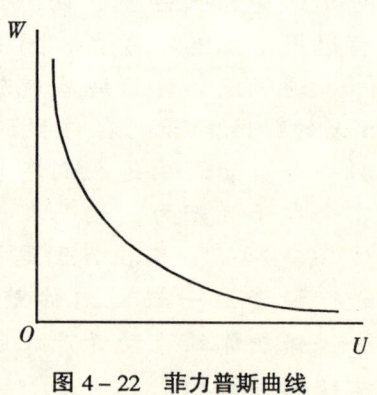

图4-22 菲力普斯曲线

然后,理性预期学派在对凯恩斯学派的菲力普斯曲线的批评上，比货币学派走的更远。他们认为，由于理性预期的存在，即使在短期内，菲力普斯曲线也是不存在的。因为通货膨胀一旦被人们所预期，雇员在提出工资增长率时就会加上他所预期的通货膨胀率；而雇主也知道通货膨胀将达到某一水平，他们的产品价格将与通货膨胀按比例地上涨，从而同意雇员的要求。由于通货膨胀发生后实际工资并不降低，雇主就不会增加雇佣工人的数量，从而失业率即使在短期内也不会有所改善，因此，被公众所充分预期到的通货膨胀不但不会对失业的减少和产量的增加带来实际的影响，反而还会由于理性预期的存在而进一步的加强通货膨胀的效应。

预期通货膨胀论

在上述理论的基础上，现性预期学派提出了预期通货膨胀论。他们认为，由于政府在战后相当长一段时间内推行膨胀性的财政货币政策来干预经济，形成了公众的通货膨胀预期，在"物价还将继续上涨"的预期下，为了避免损失，人们普遍提高各种商品的价格，提高各种收益率，其结果带来物价水平继续普遍上涨。在物价水平持续上涨的情况下，人们又产生新的通货膨胀预期，共同采取预防性措施，普遍提高物价水平，形成通货膨胀——预期——再通货膨胀的恶性循环。这样，由以往通货膨胀造成的预期，又成为以后通货膨胀的原因，或者说，对通货膨胀的预期，本身就是通货膨胀的成因。他们把由于预期原因造成的通货膨胀称之为预期通货膨胀，认为这是当今世界上一种重要的通货膨胀类型。如果继续奉行膨胀性政策，必将加剧预期通货膨胀的激烈程度。

七、财政政策与货币政策

财政政策与货币政策的基本目标都是为了能够使经济在短期内不至出现过分的高涨或过分的萧条情况，而由政策所采取的一系列宏观经济手段。下面分别加以简单介绍。

（一）财政政策

宏观财政政策是指政府通过增减税收和增加预算支出来调节社会总需求，使之与社会总供给达到均衡。其目标是通过增减税收和预算支出刺激消费、投资或削减消费和投资实现社会总供给和总需求的均衡，以达到充分就业。

财政政策的工具主要有三种，即政府购买、政府转移支付以及政府税收。

政府购买就是政府在市场上作为一个经济主体，向提供某种商品的生产者进行购买的行为。政府购买与二个自然人的买卖从本质上来说没有任何不同，只不过他的一方当事人为政府而已。政府购买的目的一般来说是为了刺激经济中的有效需求，以带动经济的增长。

政府转移支付可以用一个形象的比喻来描述。政府从张三处征税10元，李四由于是失业，政府支付其生活费5元，这5元就是政府对于李四的转移支付。这只是转移支付的一个例子，但从这个例子中可以看出，转移支付的主要目的主要有二个，一是使社会财富进行再分配，二是使整个社会的福利水平得到提高。

政府税收就是指政府依法进行税收的征缴，一般来说，税率的提高是为了抑制经济的过快增长，而税率的降低则是为了刺激经济的增长。

从上述财政政策的手段中可以看出，财政政策主要包括了政府收入的来源，政府收入的支出以及平衡各阶层收入等内容，那么，财政政策本身具有什么特点呢？

以政府的失业救济为例，当经济高涨时，失业人数减少，相应的政府所发放的失业救济金也减少，从而在总体上看降低了人们可以支配的实际收入，减少了总需求，使经济有一个内在的收缩力；而当经济萧条时，则情况刚好相反。这里就可以看出，财政政策本身具有一种"内在稳定器"的作用。所谓"内在稳定器"，就是指政府根据经济情况和财政政策的有关手段的特点，相机决策，主动地积极变动财政支出和税收以稳定经济，实现充分就业的机动性财政政策。一般来说相机决策的财政政策可以分为扩张性的财政政策和紧缩性的财政政策。

实际生活中经验告诉我们，消除经济波动，仅靠自动稳定器是不够的，还要靠政府审时度势，主动采取变更收入或支出的财政政策。当认为总需求水平过低，即经济出现衰退时，政府应通过削减税收，增加支出或双管齐下来刺激经济；反之，当认为总需求水平过高，出现严重通货膨胀时，政府应增加税收或减少支出，以抑制过热的经济。

财政政策工具的应用：

第一，在萧条时期的财政政策，又称为松弛性财政政策。

经济萧条是指社会总需求小于社会总供给的情况下必然出现的生产萎缩、工人失业等现象。其对应的财政政策有：一、在税收方面削减或免税。就企业方面而言，由于税收的降低，企业投入成本相对减少，有利于企业恢复生产；就消费者方面而言，税收削减或免税可以增加可支配资金。所以税收方面的政策可以刺激消费和生产，又因此被称为消费管理政策。二、增加政府的财政支出，通过公共工程的投资增加、政府购买的支出增加以及转移支付的增加来刺激生产和消费，实现财政政策的目标。

第二，通货膨胀时期的财政政策，又称紧缩性财政政策。

通货膨胀时期，财政政策的运用有：一、在税收方面增加税收，其目的是抑制投资和消费。二、削减政府的财政支出。

通过以上两个时期不同财政政策的运用，可以发现宏观财政政策是一种与经济现实情况相反方向的政策，因此，宏观财政政策又被称为逆经济风向而行事的政策。

财政赤字是由于在经济萧条时期政府采取减税增支的扩张性财政政策而导致的结果。

（二）货币政策

货币政策主要通过国家金融体系、利用金融工具干预国家经济的一种有效方式。在展开货币政策之前，首先了解以下几个概念：

存款准备金制度 r：即任意商业银行在吸收一定的存款之后，必须按一定的比例提取存款总额并存入到中央银行。目的是防止挤兑现象的出现，巩固金融银行制度。在现行的国际金融体制中，存款准备金制度、黄金准备和外汇准备共同维系一个国家金融及经济体系稳定的重要支柱。

现金漏损率 c：是指企业在贷款后并不一定将所有的现金都返还到银行。但是随着票据的发展，非现金结算的发展，现金漏损率变得越来越小了。

货币乘数：指在一定准备金条件下，一定数量的原始存款和贷款通过金融系统一系列的存贷款业务会使得原始存款总额和贷款总额成倍数增长。

货币乘数的公式:，其中 r 为法定存款准备金率，$d=\frac{1}{r}$ 为货币乘数倍数。但是由于现金漏损率的存在，货币乘数倍数不再是单一地和存款准备金率成倒数关系。于是货币乘数公式得到了修正，即为：$d=\frac{1}{1-(1-r)(1-c)}$。比如，现在假定现有的原始存款总额为 100 万，法定准备金率为 20%，现金漏损率为 5%。现在根据货币乘数作用，可以求得派生的存款总额和贷款总额。首先根据 $d=\frac{1}{1-(1-r)(1-c)}$ 求得 $d=4.17$，那么原始存款在货币乘数的作用下其存款总额即为 $100\times 4.17=147$ 万元。

货币政策工具的应用：

一般来说，货币政策主要有三种工具，即法定准备金率、再贴

现率与公开市场业务

　　法定准备金率是指中央银行通过改变银行的法定准备金率，来改变货币乘数，从而影响最终的货币供应量，调高法定准备金率，即意味着减少货币供应量，收缩经济，调低法定准备金率，即意味着增加货币供应量，扩张经济。一般来说，法定准备金率是属于比较"猛烈"的政策工具，其使用既有立竿见影的效果，同时也容易对市场造成比较大的冲击，所以中央银行在选择时通常都比较谨慎。根据不同时期，中央银行实施和调整法定准备金率，见图4-23：

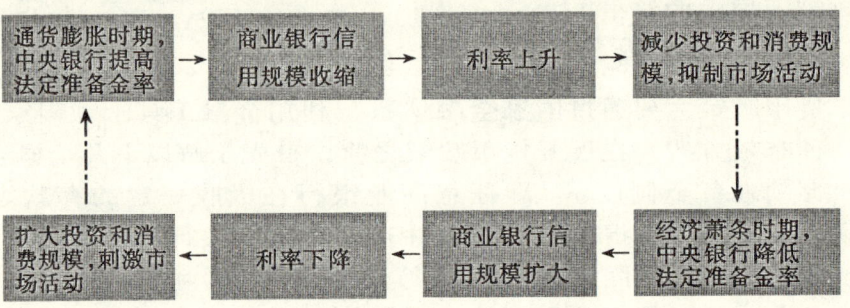

图 4-23

　　再贴现率是指中央银行对商业银行或其他金融机制的票据贴现率。与法定准备金率相似，调高再贴现率意味着收缩经济，而调低再贴现率则意味着扩张经济。这种政策总的来说比较被动，因为只有当商业银行向中央银行申请再贷款或者票据贴现时这一政策才能发挥作用，因而中央银行总是处在一种比较"被动"的位置，对于那些资金比较充裕的银行，这一政策的作用就不是太大。见图4-24：

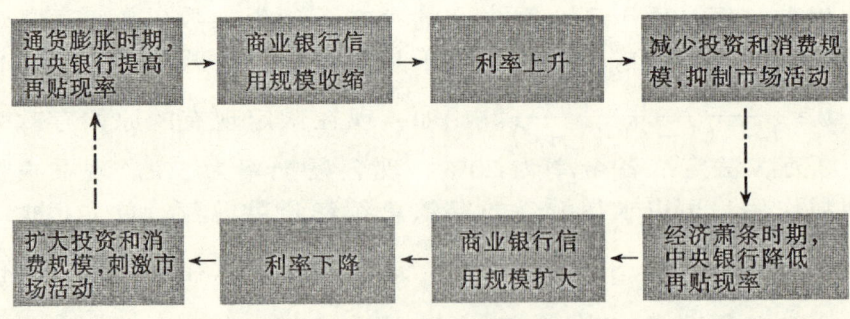

图 4-24

公开市场业务是指中央银行在票据市场上通过出售或买进各种短期票据以达到控制货币供应量的目的。售出票据，意味着货币供应量减少，具有收缩经济的目的；买入票据，意味着货币供应量增加，具有扩张经济的目的。这一业务的好处在于中央银行可以根据市场的状况随时对货币供应量进行微调，同时也对市场有一种比较明显的"导向"作用。但其作用的有效发挥有赖于一个具有一定深度且规模和发育成熟度都达到相当规模的票据市场，而这对于绝大多数国家来说是比较困难的。见图4-25：

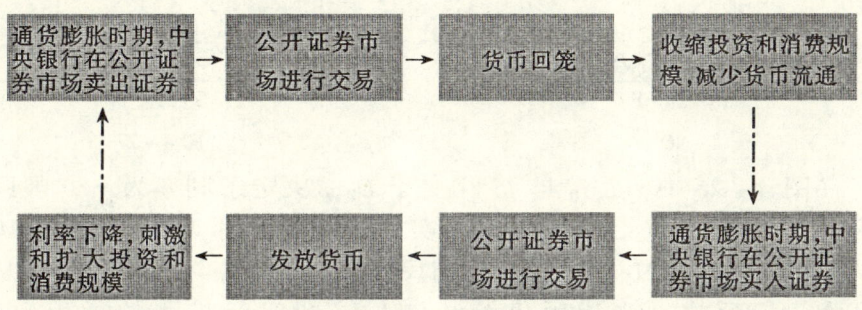

图 4-25

除了上述的三种重要的货币政策工具外，中央银行还可以通过①道义劝说；②调整法定保证金限额：即在有价证券交易中，政府为了稳定金融市场和物价水平而规定的证券购买者必须以现金的形式支付一定比例的证券价格；③规定抵押贷款和利率的上限和下限，这个措施有如前文分析的价格控制政策相似，存在诸多的不公平和资金配给的无效率，因此这一政策在一般条件下不会轻易实施；④规定消费信贷的条件，通过放宽和收缩消费信贷的条件，以影响个人的消费规模，从而达到调整社会总需求的目的。

（三）宏观财政政策和货币政策的综合应用

在 IS—LM 模型中分析了储蓄、投资、货币需求与货币供给如何影响利率与国民收入。这一模型不仅精炼地概括了总量分析，而且可以用来分析财政政策与货币政策对利率与国民收入的影响。

我们先用图4-25来分析财政政策的影响。

在图4-25中，IS_0 与 LM 相交于 E_0，决定了利率为 r_0，国民收入为 Y_0。当财政支出减少（即实行紧缩的财政政策），从而总需求减少时，IS 曲线从 IS_0 移动到 IS_2，这就引起国民收入从 $Y0$ 减少到 Y_2，利率从 r_0 下降 r_2。反之，当财政支出增加（即实行扩张的财政政策），从而总需求增加时，IS 曲线从 IS_0 移动到 IS_1，这就引起国

民收入从 Y_0 增加到 Y_1,利率从 r_0 上升为 r_1。

再用图 4-26 来分析货币政策的影响:

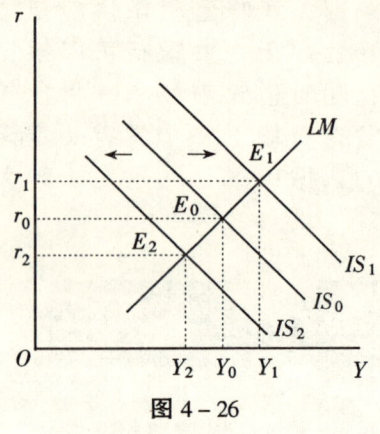

图 4-26

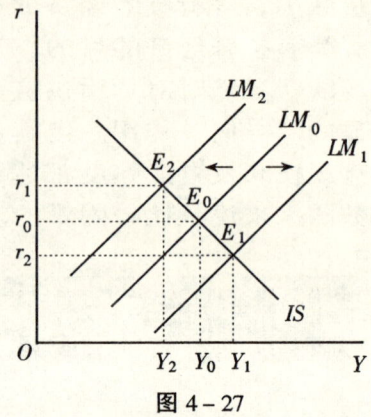

图 4-27

在图 4-26 中,LM_0 与 IS 相交于 E_0,决定了利率为 r_0,国民收入为 Y_0。当货币供给量减少(即实行紧缩的货币政策)时,LM 曲线从 LM_0 移动到 LM_2,这就引起国民收入从 Y_0 减少到 Y_2,利率从 r_0 上升为 r_2。反之,当货币供给量增加(即实行扩张的货币政策)时,LM 曲线从 LM_0 移动到 LM_1,这就引起国民收入从 Y_0 增加到 Y_1,利率从 r_0 下降为 r_1。

从以上的分析中我们知道,当实行扩张的财政政策时,政府财政支出的增加会使国民收入增加,但在国民收入增加的同时,利率也上升了。利率的上升会减少投资,减少总需求,减少国民收入。这就在一定程度上抵销了扩张性财政政策的作用。为了使扩张的财政政策在增加国民收入的同时又不致于引起利率上升,这就要用扩张性的货币政策来配合扩张性的财政政策,以便更有效地刺激经济。可以用图 4-27 来说明这种配合:

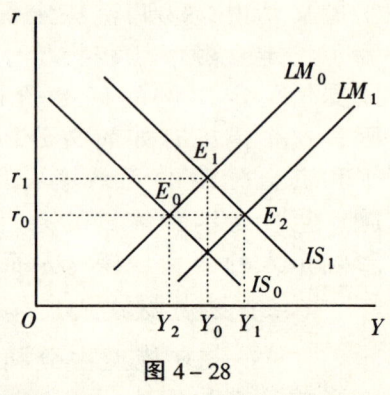

图 4-28

在图 4-27 中,IS_0 与 LM_0 相交于 E_0,决定了国民收入为 Y_0,利率为 r_0。实行扩张的财政政策,IS 曲线从 IS_0 移动到 IS_1,IS_1 与 LM_0 相交于 E_1,决定了国民收入为 Y_1,利率为 r_1。这说明实行扩张性的财政政策使国民收入增加了,利率上升了,而利率的上升不利于国民收入的进一步增加。这时,再配合以扩张的货币政策,即增加货币量使 LM 曲线从 LM_0 移动到 LM_1,LM_1 与 IS_1 相交于 E_2,决定

了国民收入为 Y_2，利率为 r_0。这说明，在用扩张的货币政策与扩张的财政政策配合时，可以不使利率上升，而又使国民收入有较大的增加，从而可以有效地刺激经济。所以说，模型为分析宏观经济政策提供了一个重要的分析工具。

对上面的分析可以进一步用图 4-29 来加以说明，它以循环图的形式更好地把宏观财政政策和宏观货币政策的综合应用表现出来。

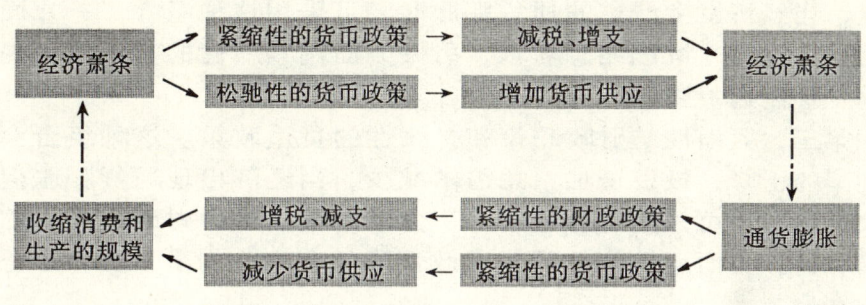

图 4-29

（四）财政政策与货币政策在实施中的局限

财政政策的"挤出效应"。这是指政府支出增加所引起的私人消费或投资降低的经济效应。在 IS——LM 模型中，若 LM 曲线不变，向右移动 IS 曲线，两种市场同时均衡时会引起利率的上升和国民收入的增加。但是，这一增加的国民收入小于不考虑货币市场的均衡或利率不变条件下的国民收入的增量（也就是说，当 LM 曲线为一条水平的直线时的增量）。这两种情况下的国民收入增量之差，就是利率上升所引起的"挤出效应"。

货币政策的局限性主要表现在三个方面：

第一，从反衰退的作用看。由于存在凯恩斯的流动性陷阱，因此，在通货膨胀时期实行紧缩的货币政策可能效果比较显著，但在经济衰退时期，实行扩张性的货币政策效果就不明显。

第二，从货币市场均衡的情况来看，增加或减少货币供应量要影响利率的话，必须以货币流动速度不变为前提，如果这一前提不存在，货币供应变动对经济的影响就会大打折扣。

第三，货币政策作用的外部时滞也影响政策效果。中央银行变动货币供应量，要通过影响利率，再影响投资，然后再影响就业和国民收入，因而，货币政策作用要经过相当长一段时间才会充分发挥其作用，而在这其间，或许经济情况已经发生了根本性的变动。

因此，一般来说，在进行宏观经济调控时，通常都是将货币政策与财政政策进行相互搭配来使用，这里就简单的加以介绍。

第一，扩张性的财政政策和紧缩性的货币政策。这一配合导致利率上升，产生"挤出效应"。当经济萧条但又不太严重时可以采取这种组合，一方面用扩张性的财政政策刺激需求，另一方面用紧缩性的货币政策防止通货膨胀。

第二，紧缩性的财政政策和紧缩性的货币政策。这一配合会使总需求减少，国民收水平下降，导致国民经济发展缓慢，甚至开始衰退，当经济发生严重的通货膨胀时，可采用这种组合，一方面用紧缩性的财政政策压缩总需求，另一方面用紧缩性的货币政策提高利率，抑制通货膨胀。

第三，紧缩性的财政政策和扩张性的货币政策。这种组合会引起利率的下降，投资增加，总需求减少。当经济出现通货膨胀但又不太严重时，可采用这种组合，一方面用紧缩性的财政政策压缩总需求，另一方面用扩张性的货币政策降低利率，刺激投资，遏止经济的衰退。

第四、扩张性的财政政策和扩张性的货币政策。这一配合会引起总需求的增加，同时带来利率的下降和投资的上升，从而促使经济复苏并高涨。当经济严重萧条时，可采用这种组合，一方面用扩张性的财政政策增加总需求，另一方面用扩张性货币政策降低利率，减少"挤出效应"。

但是，财政政策和货币政策的搭配使用不一定能够起到良好的结果，在凯恩斯强调财政政策、强调宏观需求管理的时候，却在20世纪的70年代中期发生了与此理论相反的现实情况——滞胀。于是乎，很多学者将滞胀的现象的发生归咎于凯恩斯主义，归咎于国家干预。那么滞胀是如何发生的呢？见下图4-30：

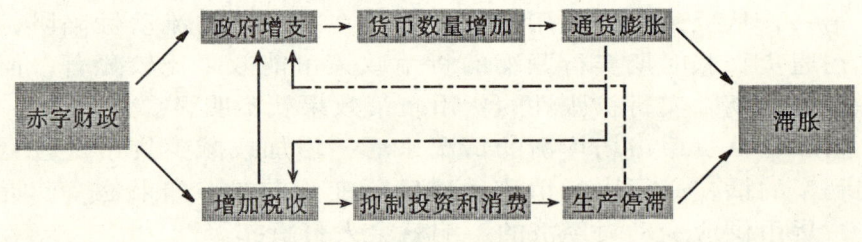

图4-30

如上图所示，政府在20世纪70年代初期，由于社会总需求不足，经济处于发展的困境。为了刺激经济发展，扩大社会需求，于是各国政府实施扩张性的财政政策。政府支出的不断增加，引发了市场上货币数量的增加进而影响了社会的总体物价水平，通货膨胀出现。与此同时，政府为了将通货膨胀得到控制、弥补财政赤字，又开始增加税收，实施紧缩性财政政策，结果却导致了新的经济问题即生产停滞。于是政府又开始新的一轮扩张性政策和紧缩性政策。但是，由于政策作用的传导存在时间上的差异即时滞，所以政府周而复始地实施扩张性政策和紧缩性政策导致的最终结果恰恰是20世纪70年代的经济滞胀。

（五）内在稳定器

内在稳定器：指能根据不同的经济情况自动调节以符合有效需求管理政策的措施。它是经济系统内本身存在的一种会减少各种干扰对国民收入进行冲击的机制，能够在经济繁荣时期自动抑制膨胀，在经济衰退时期自动减轻萧条。因此，当经济发生波动时，内在稳定器就会自动发生作用，调节社会总需求，以减轻经济波动带来的影响。

1. 财政政策的内在稳定器

第一，税收方面的所得税。所得税包括个人所得税和企业所得税。在通货膨胀时期，就业增加，国民收入水平提高。此时，在税率保持不变的情况下，所得税随着纳税人收入的增加而增加，人们手中的可支配收入的增加比例降低，使得消费和投资受到自动抑制；在累进税的情况下，收入的增加使得纳税人进入较高的纳税等级，政府税收的上升的幅度自动超过了纳税人收入增加的速度，从而起到了抑制通货膨胀的作用。反之，在经济萧条时期，在累进税制度下，萧条使纳税人进入较低的纳税等级，政府税收的下降幅度自动超过纳税人收入降低的速度。相对而言，纳税人手中掌握的可支配资金的比例增加，从一定程度上刺激了消费和投资需求，从而抑制经济衰退。由此，可以认为所得税这种因经济变动而自动发生变化的内在机动性和伸缩性是一种有助于减轻经济波动的内在稳定因素。

第二，政府的转移支付。政府的转移支付主要是指政府的失业救济和其他社会福利的支出。在经济萧条时期，失业和贫困的增加，政府必须扩大失业救济和福利的支出，以保证国民的正常生活秩序。通过前文的分析，已经知道政府增加转移支付是扩张性财政政策的重要内容之一，由于政府转移支付的自动增加，市场上流通的货币数量增加，刺激了消费和投资的需求从而自动抑制了经济衰退；在经济繁荣时期，就业增加和国民收入水平得到提高，政府用于失业救济和其他社会福利的支出自动缩减，从而起到了抑制通货膨胀的作用。

第三,农产品维持价格。农产品维持价格是指当农产品的市场价格低于政府所确定的最低价格时,政府将按照最低价格予以收购,以保护农民的利益和生产积极性。这种政府制定的农产品最低价格就是农产品维持价格。在经济繁荣时期,国民收入增加,物价水平相对上涨,农产品价格高于农产品维持价格。于是,政府减少农产品收购,甚至按照农产品维持价格抛售农产品。这样一来,农产品价格的上升就受到了抑制,同时农民收入增加水平也被控制在一定的范围内,从而抑制了消费和投资的需求。在经济萧条时期,国民收入减少,物价水平下降,当农产品的市场价格低于农产品维持价格时,政府增加在市场上收购农产品。由此,农产品价格维持在一定的水平上。那么,农民收入水平的下降幅度将低于国民收入的下降速度而被保持在一定的水平上,这样有利于抑制经济衰退。

2. 货币政策和收入分配中内在稳定器

第一,利率效应。利率效应有称为凯恩斯效应,是指在货币供应量不变的条件下,利率有自动稳定经济的功能。当货币供应量保持不变时,货币市场均衡可以表示为 $M = L = L_1(Y) + L_2(r)$,其经济含义是在货币达到均衡时,利率与国民收入之间的关系。其中 $L_2(r)$ 作为国民因投机动机而持有的货币与利率 r 是成反比的,也就是说,利率越低,$L_2(r)$ 越大,人们对投资品需求越高;反之,利率越高,$L_2(r)$ 越小,人们对投资品的需求越小。因此,在经济萧条时期,较低的物价水平降低了利率水平,鼓励了更多地支出于投资物品,从而增加了对投资品的需求量,抑制了经济衰退。在经济繁荣时期,国民收入增加,物价水平的上升提高了利率水平,限制了投资物品的支出,从而减少了对投资品的需求量,通货膨胀得到一定程度的控制。

第二,庇古效应。庇古效应又称为实际货币余额效应(Real Money Balance Effect),是指在人们持有货币数量一定的情况下,货币数量本身就有自动稳定经济的作用。所谓实际货币是指货币所能购买的商品的数量,即以实物形态衡量的货币。如果名义货币供给不变,①在经济萧条时期,物价水平跌落,人们存在银行的以及手中的货币购买力相对增强,个人实际货币余额增加。因此,物价水平下降使消费者感到更富裕,这会鼓励他们更多地消费;消费支出的增加导致总需求量增加。这种由于价格水平下降导致实际货币余额上升,进而带动总需求量增加的原理被称作为实际货币余额效应;②在经济繁荣时期,国民收入水平提高,物价水平上升,实际货币余额减少。消费支出减少,总需求量减少。这是实际货币效应的另一种表现形式。

第三，收入分配效应。一、在通货膨胀时期，GDP 在工薪阶层中分配相对下降，而在获取利润的阶层中的分配比例却相对增加。但是由于边际消费倾向 $M_{pc} = \frac{\Delta C}{\Delta Y}$ 递减规律的作用下，在获取利润阶层总消费比例自动下降，从而使总消费需求下降，自动抑制通货膨胀。二、收入分配效应将社会人群分为被动收入者和主动收入者。被动收入者指的是那些依靠养老金、社会救济等政府福利的领取者。主动收入者指的是工资持有者和利润持有者。在通货膨胀时期，GDP 的分配则偏爱主动收入者，同样在边际消费倾向 $M_{pc} = \frac{\Delta C}{\Delta Y}$ 递减规律的作用下，总体的消费需求下降，自动抑制了通货膨胀。

附录一

从"经济人"假设的产生及演变看经济学的发展[①]

一、"经济人"假设的产生

"经济人"(Home Oeconomicus,或 Economic Man)一词,是19世纪中叶以后西方经济学中出现的一个经济学概念。当时的经济学家们研究经济社会,确定以"人"的经济行为作为研究对象,认为经济活动中的个人经济行为是自利的;认为他们都会合理地利用自己收集到的信息,进行计算和判断其不同经济结果的各种可能性,从而得到追求的利益最大化,他们的行为是理性的。"经济人"假设成了西方一切经济学命题或解释的前提,成为西方经济学理论大厦赖以建立的基础。

二、"经济人"假设产生的时代背景

上溯到15~18世纪,是西欧资本主义萌芽和开始兴起的时代,史称为前工业革命时期。这一时期和中世纪社会相比,整个西欧社会经历了天翻地覆的变化,逐渐形成了一种新型的成熟的社会经济形态,经济学家称之为"商业社会",表现为:

首先,以货币为媒介的商品交易,在17世纪的英国和荷兰,已经逐渐成为社会经济内聚力的核心。在这个"商业社会"中,人们

---

① 整理并改编自杨春学,《经济人与社会秩序分析》,上海三联书店,1998年版。

因为需要赚钱谋生而进行劳动,生产者根据消费者的需求来决定其产品的品种和数量,广泛的买卖交换方式已经能够解决生产和分配等基本的经济问题,市场由此而产生,货币化了的社会经济生活的各个方面都必须服从市场;

其次,在新型的"商业社会"中,经济生活与社会生活已经分离开来,生产和分配过程不再与流行的宗教、政治和生活习惯融为一体,农民不再被束缚在土地上,成为一个自由的、可流动的劳动者,工匠不再受行会规章的约束,成为一个独立的企业家,土地贵族也可出租或转卖土地,成为现代意义上的地主,劳动、土地、资本都进入市场,受供求的支配,经济自由思想在经济生活中已经成为一个具有明显的自身特点的生活领域;

最后,决定广大众生命运的,不再是出身和门第,而是通过经济竞争中的"优胜劣汰"来重新调整和安排人们的社会地位,整个社会都围绕着做生意和最大限度地谋取利益进行运转,追求财富和物质成功已成为人们衷心专注和孜孜以求的事情。

这就是一个以"个人"、"自由"、"谋利"为动力的"商业社会",这就是经济学家们研究经济社会确定以"经济人"假设为中心的时代背景。

三、"经济人"假设的表述及演变

西方经济学家在经济学史发展的过程中,对"经济人"假设这个基本命题进行了不断反思和修正,并在发展中逐步完善,其表述和演变经历了以下几个阶段。

1. "古典经济人"假设的表述及缺陷

这里所说的"古典经济人"假设,指的是传统(正统)经济学(亦即古典经济学)"原始"的"经济人"假设。它由英国经济学家亚当·斯密(Smith, Adam)创建。斯密认为:经济社会中,"人"天生具有追求个人利益的动机;他们在"利己心"动机驱使下的经济活动中,都会理性地,亦即合理地利用自己收集到的信息,进行反复计算和周密判断,力图以最小的经济代价去追逐和获得最大的经济利益,在通过市场活动中实现自身利益的同时,也增进了社会利益。这就是斯密"利己、理性思考、最大化原则、市场经济活动"的"经济人"假设的核心和精髓。

斯密在创建"经济人"假设的同时,继承和发展了前人的经济自由思想,阐述了自由放任原则,认为每个人的一切活动都是受"利己心"的支配,都是为了追求个人利益,但在现实中个人利益和社会利益总会存在冲突，为使两者和谐统一，斯密丛三个方面探讨解决的理论基础和方法。

首先，斯密在《道德情操论》（The Theory of Moral Sentiments，1759）中，把两者冲突的化解寄希望于"经济人"内在的品质：具有作出判断克制私利的能力；他在《道德情操论》，就是阐明具有利己主义本性的个人怎样控制他的感情或行为，尤其是自私的感情或行为，以及怎样建立一个有确立行为准则必要的社会。

其二，斯密于1763年在格拉斯哥大学作了《关于法律、警察、岁入和军备的演讲》（Lectures on Justice, Police, Revenue And Arms）中，进一步把"正义的法则"——法律也看作是一种化解冲突的重要方式。同时强调"正义的法则"要能充分保障经济人的"天赋权利"（nature rights）——人身安全、天赋自由、劳动和财产权，为化解利益冲突构建社会制度基础。

其三，斯密在《国民财富的性质和原因的研究》（An Inquiry into the Nature and Causes of the Wealth of Nations，1776）简称《国富论》中，又在前述两种化解利益冲突办法的基础上，寄希望于一只"无形之手"（an invisible hand）——竞争机制，通过市场竞争机制这只"无形之手"化解两者之间的利益冲突，从而把经济人对自身利益的追求引导到促进社会利益轨道上去。即每个人都追逐个人利益，避免别人损害自己的利益，就不能不考虑别人的利益，这样人与人之间就产生了共同的利益；社会上每个人都追求个人利益，努力改善自己的境况，结果就会增进整个社会的利益。因此，斯密主张每个人都自由的追求自己的利益，认为实现经济自由是满足"利己心"的最好途径。他极力主张个人完全自由地从事经济活动，包括自由地经营工商企业，自由竞争，自由地发展国内和对外贸易。只有充分发挥个人利己的积极性和主动性，在市场经济制度下，才能促进社会经济发展和国民财富迅速增加。因此斯密激烈反对国家干预个人的经济活动，反对封建主义和重商主义的限制，要求取消保护关税、行会制度和专卖公司，扫除经济方面的一切封建残余。斯密这一关于自由的经济理论体系是在总结了近代初期各国资本主义发展的经验，并在批判吸收了当时有关重要经济理论的基础之上，就整个国民经济运动过程作了比较系统、比较明白的描述之后建立起来的。《国富论》出版以后，不但对英国资本主义的发展起过重要的促进作用，就是对世界资本主义的发展也曾经产生过极为深刻的影响。

此书出版后，斯密的名声大震。他的信徒们把他的"自利"、

"自由"、"理性"视为信条，深信经济现象可以通过个人的"自利"行为得到说明，并广泛地对这种"经济人"思想进行传播和补充，其中以边沁（Betham, Jeremy）的功利心理学说、西尼尔（Senior, Nassau William）和约翰？穆勒（Mill, John Stuart）的经济人抽象最具代表性。在他们的理论基础上，"古典经济人"就套上了功利主义的外衣，"人"被视为一个独立的、自决的个体，并且认为人与人之间的关系是可以用法律来判决和管理，而不是纯粹由道德来判断。这样，每人各自作出最利于自身的选择，纵使不能达到人人富裕的景界，也仍可得到"最大多数人的最大幸福"的结局。至此，古典经济学一方面已经认为每个人适当的追求个人的私利，从而脱离了传统的、带有强烈宗教色彩的道德行为判断的约束；另一方面从讨论人在社会中的全部本性和行为的"社会经济学"，走向了只是追求财富最大化的"政治经济学"，完成了对"经济人"的第一次抽象。

"古典经济人"假设的缺陷表现于：

18~19世纪初的西欧，虽然资本主义经济关系已经确立，但是仍然存在着封建制度的残余。即使在斯密时代的英国，也存在着学徒制、定居法等等中世纪的社会制度，此时的"人"尚未走完"个体化"的历程，在他们的家庭活动中自然经济的因素仍占很大的比重。基于这样的社会背景，"古典经济人"假设的表述必然存在一定的缺陷。主要表现在以下三个方面。

首先，"古典经济人"假设是针对当时市民社会中的"自主的人"的抽象。这些市民主要是经商的"城市市民"（city men），是他们的"经济人"原型。古典经济学家没有把"自利"假设推论到消费者行为的分析中，而是把消费者视为表现于社会学上的行为特性的人群；

其次，古典经济学家所推崇的货币收入（包括利润）最大化假设，也只是完全从总成本和总收入的简单比较角度入手，得出了最大化产量等于最大化利润的错误结论；

最后，即使是被奉为经典的"无形之手"学说，也只是粗糙的理念和模糊不清的陈述，它缺乏量化的标准和合乎逻辑的理论说明。例如，生产者应该进行到什么程度才可能取得利润最大化？消费者在什么条件下才能达到重大满足？而这两种最大化行为如何相容？个人的最大化如何与整体的最大化相一致？等等。所有这些都急待于新的价值理念和分析工具的出现，从而把经济学学科导入到经济学科学的领域之中。

2. "新古典经济人"假设的表述及局限

19世纪的30、40年代，英国通过一系列改革比较彻底地清除了封建残余，形成了工业化社会，"人的自由与自觉"最终得以实现。到了19世纪中叶，与人们家庭活动有关的各种需求都必须在所得货币收入的范围内才得以实现，这就使得消费者面临着与生产者同样的最大化问题。与此同时，在西欧"自然权利"基本上已成为"人"的法定制度，这些社会变化较古典经济学的近代社会更为成熟。因此，一场经济学的巨变——"边际革命"爆发了。以边际方法作为分析的工具，沿着利益最大化的思想，对整个经济学进行了数学化的处理。由此，"经济人"假设发展到了一个新的历程，进入了新古典经济学的范畴。

早期的新古典经济学家沿袭了穆勒对经济人抽象性质的说明、边沁的功利主义心理学以及古尔诺（Cournot, Antoine Augustin）和戈森（Gossen, Hermann Heinrich）等人对边际效用进行探讨，重新解释了经济人抽象的经济学含义，希望重建经济学，从而在"古典经济人"走向"新古典经济人"的过程中，完成了对"经济人"假设的第二次抽象。

首先，第一代边际主义者杰文斯（Jevons, William Slanley）在他的《政治经济学理论》（The Theory of Political Economy）一书中，用数学的方法结合经济学作了定义；接着瓦尔拉斯（Walras, Marie Esprit Léon）提出了他的政治经济学三分法，从而把"经济人"限定到理论经济学的范围。这样他就以经济人的最大化动机为假设，把理论经济学的研究限定在资源最佳配置的领域之内，强调消费、效用与需求，把经济学改造成为以交换为主题的理论体系，并以边际原理论证经济人应遵循的法则。此种观点在新古典经济学家中颇具代表性。

到了第二代边际主义者马歇尔（Marshall, Alfred），他把不可衡量的经济行为的各种心理因素和感情纳入到了可以衡量的货币领域，并指出经济人是理性的，且精于计算。同一时期，帕累托（Pareto, Vilfredo）试图以"选择原则"代替享乐主义，他提出的帕累托最优，就是要把考虑乐与苦的心理学从"经济人"的体系中抽掉。由此，早期的新古典经济学家们已经把"经济人"限于经济行为领域，并一致认为经济人是自利的，在交换中他的行为动机不包含增进其贸易伙伴的利益。他们认识到，经济人仅仅是一种抽象，代表着对个人经济行为连贯一致的思考。这种抽象足以使经济学从抽象的个人到抽象的经济都能始终如一地进行严格的论证，把经济世界视为无数市场参与者的动机和行为所决定的产物。以这种认识为依据，经济人事实上也是市场活动者中非常接近真实的第一近似。从而"经济学家就有理由从'经济人'的观念开始，作为经济关系中真人的近似代表"。

早期的新古典经济学家们把经济人的行为赋予了太多的心理学性质，他们陷入了欢乐和痛苦的权衡比较及计算而难以自拔。他们笔下的经济人如同"一部追求快乐的机器"。享乐主义就是他的同义语。这样，早期的新古典经济学家就面临着这样的困境：要使"经济人"成为"科学的经济学"的基石，就必须抽去"经济人"所包含的功利主义心理学和伦理因素。但是抽去这些内容之后，用什么来巩固和加强这一基石呢？当时兴起的波普的科学方法说给新古典经济学家提供了摆脱困境的思路。这就是对于"经济人"假说来说，不必对心理假设是否正确或足够符合实际，相反地所需要考虑的仅仅是资料是否表明经济人的行为有没有按照理论的预测行事。这样，经济学家就把经济人行为的解释基础从功利主义心理学转到现代行为主义的过程，即始于以"偏好"（$preference$）概念代替对目的本身的解释，从而切断了"自利"与"自私"在理论上的任何联系。"新古典经济人"就抛弃了主观心理因素，转向了理性选择，完成了对"古典经济人"缺陷的完善。即新古典经济学家的"经济人"理念在许多方面比古典经济学家更为成熟和系统，表现在以下几个方面。

第一，在新古典经济学中，经济人明确地处于理论体系的中心地位。作为经济行为主体，经济人采取多样化的具体形态，既包括劳动、资本和土地等生产因素的供给者，也包括生产者和消费者，虽然他们自身利益的表现形式不同，但行为本质是相同的，都是力图在市场的参与过程中实现自身利益最大化的人。这样，经济人抽象就为经济学家对人类经济行为作出统一的解释提供了坚实的逻辑基础。

第二，新古典经济学家借助于边际分析方法，为经济人对如何选择可供利用的资源（或手段）以实现目标最大化的问题提供了有力的分析。如生产者实现利润最大化的临界点是边际成本等于边际收益，消费者在收入和价格约束条件下实现效用最大化的临界点是各种所购商品的边际满足相等，等等。这类边际原理的提出使得经济学关于人的经济行为的研究具有可操作性，将动机与效果结合起来，从而为合理地组织资源配置提供了实证的科学依据。

第三，新古典经济学家赋予经济人的"理性"以一个明确的经济学含义,即通过成本——收益核算,经过精密的计算和仔细的权衡估计,对可供利用的实现目标的手段进行优化选择。他们认为,经济人的决策必须符合"理性公理",才能保证所选择的行动方案适应所追求的目标,从而实现目标最大化。

第四,他们强调,就理论上而言,经济人实现其目标的理想社会条件是以完全竞争为特征的市场环境,从而抛弃古典经济学派所使用的那种内外延界定都不清楚的"自由竞争"概念。只有完全竞争的环境,才会产生出足够强大的压力,使对个人利益的精密计算成为统治着个人的理性决策,并引起价格的自动调整过程,从而逐步逼近个人利益最大化和社会利益最大化有机地结合起来的理想条件。

第五,新古典经济学家用"一般均衡论"给"无形之手"是如何按照价格机制来发挥它巨大的协调经济人行为的情况提供了一种纯理论的证明,从而把斯密所认为的"天赐法则"(*divine laws*)的"无形之手"从一种宗教信仰的信念正式转化为一个逻辑上一致的一般均衡数学模式,并证明了"无形之手定理"——如果满足某些假设,完全竞争的自由市场经济将会决定一种帕累托最优的竞争均衡结果。

然而,在实际中新古典经济学家已经认识到对"经济人"社会的内在秩序的现代化论证形式存在着缺陷。因为在经济人自由竞争的社会中,"无形之手"的最重要成果是有效地配置资源的效率,但它对公正或平等是盲目的。如果考虑到经济生活的现实,"市场失灵"现象的存在必然导致不可能出现帕累托最优。进一步而言,即便是在一个理想的完全竞争的市场社会中,也不意味着把货币财富选票分配给那些最宽容的道德观察家,或者分配给最利己的人士认为是最值得同情的、最应得到或最需要的人们。

既然如此,新古典经济学家为什么还要坚持以理想的"经济人"出发来揭示基本原理呢?在萨缪尔森(*Samuelson*, *Paul Anthony*)等人看来,这有两个方面的依据。正如同工程师知道绝对不可能创造出完全的真空但他们仍然发现对真空中运动状态的分析有助于说明很多复杂的问题一样,理想的"经济人"模型也是如此。另一方面,这一模型也有助于经济学家尽量采取客观的态度,取得更为精确的实证结果。因此,经济人抽象不考虑道德上的关心,并非因为*经济学家是冷血动物或机器人*。的确,正如吉德(*Gide*, *charles*)于1928年评论数理学派时所说的那样:"我们可以尽情嘲笑'经济人',现在它同骷髅差不多了,但正是这具骷髅使科学树立起来，并得到了进步。它促使经济学从软弱无力的东西发展成坚强有力的科学。"

至此，新古典经济学家通过对经济人第二次抽象，并以此作为起点，构架了新古典经济学的大厦。但是，就作为一门学科的推论起点，"新古典经济人"抽象已经使理论经济学的范围日益缩小，以致许多基本经济问题在这一逻辑范围内不可能得到有效的说明，甚至于不可能有效的提出问题。这种缺陷根源于假说本身的一些基本假设、概念和对问题的阐述天生就有的弱点。例如，一系列苛刻的边际条件假设已经把现实经济生活中极为重要的某些问题（如规模经济、外部效应等）排斥在分析的范围之外；以完全竞争为基础的所谓"无形之手定理"，根本就没有考虑到经济人之间、经济人与社会之间的相互冲突和制约，从而它对市场调节过程的描述具有很大的缺陷。用布坎南（*Buchanan*, *James M.*）的话来说，新古典主义经济学家"在根本上不把市场看作交换制度"。

这种经济人抽象的缺陷可以追溯到新古典经济学家的基本认识论，即哈耶克（*Hayek*, *Friedrich Agugst Von*）的"科学主义观"。它给"新古典经济人"假设盖上一层极浓厚的灰色面纱，使之在某些方面表现出过度省略的"伪教条"。新古典经济学家为适应按数学方法使经济学严格形式化的需要，把"经济人"进行了一场大力删简，以致达到这种程度，即假设经济人知道自己可以选用的一切备选方案，并且能确定其中的每个备选方案可能产生的一切后果，然后在比较和评价这些后果的基础上选择出能给他带来最大利益的那个可行方案。这无疑是"神"一般的"万能经济人"（*omniscient economic man*），它被一些学者斥为"奥林匹亚山神模型"和"超级经济人"（*super economic man*）。

同时，为了保证上述假设的成立，新古典经济学家又把经济人的活动环境设定为"理想市场"。这一概念既使人们不能正确地评价竞争的动态性质和重要性，又无法准确认识到经济人取得知识并运用知识以谋利的一切活动的本质意义。因为，活动于这种环境中的经济人一方面不受任何限制和超脱于时间之外，另一方面只能根据市场价格的指示去消极地适应市场。于是，造成了一种优先重视非常有限的外部客观因素——数量和价格的机械经济观。

3."广义新经济人"假设的表述

"经济人"在经济学理论领域问世以来，从"古典经济人"到"新古典经济人"直到现代的"广义新经济人"，其间从来都没有免除过来自经济学外部和内部的非议和批评。公开的大争论和"大批判"有三次：19世纪晚期的"自利"和"利他"之争；20世纪40年代的"利润最大化原则"之争和20世纪70年代之后的"理性行为"之争。其过程为：

19世纪晚期，德国历史学派首先对"经济人"假设发难，他们主要是反对正统经济学家对"自利"的强调和由此建立起来的抽象分析方法，力图以"真实的人"来取代经济人这种"抽象的人"，并想通过强调伦理价值（利他）来驱除自利行为。这种想法无可厚非，但是却否定了经济人抽象的合理性，进而否定了普遍规律的存在和一般经济理论的意义，这就注定了他们"真实人"的构想，不管表面上多么诱人，却不能结出理论的智慧之果。这也迫使正统经济学家更准确地表达和认识经济人及其方法论意义，从而把"经济人"假设真正历练为"科学经济学"的基石。

到了20世纪40年代中期，一场以厂商的实际行为并不符合最大化行为假设为起点的反对经济人抽象的批评开始了。其中以西蒙（Simon, Herbert Arthur）的"有限理性理论"和莱本斯坦（Leibenstein, Harvey）的"X低效率理论"最具影响。西蒙认为：人的行为理性是有限的，不是完全的。"新古典经济人"的完全理性的两个前提并不现实，因而在现实的不完全市场条件下，信息是不完全的。搜集、加工、整理信息是要付出代价的，同时人类自身能力也是有限的，这样全面理性将不可能实现。因此，人的行为理性是有限理性而决非完全理性。人们决策的标准是寻求令人满意的决策，而决非最优决策。继西蒙之后，莱本斯坦运用了"微观的微观分析方法"，深入企业内部，把个人作为全部微观经济分析的基本单位，指出传统微观经济学所假设的企业利润最大化将由于"X低效率"的存在而不因难实现。他说大多数人在大多数时间内其行为是非最大化的，这主要是因为人的天生懒惰。只有当外部的压力充分大时，人们才会克服惰性向最大化行为靠近。在现实的经济中市场是一种不完全竞争的寡头市场，这就在客观上为企业提供了免于一定竞争压力的天然庇护所，从而使企业和个人不因难按最大化理性原则行事。同时由于企业是由股东、董事、经理、雇员等集团共同组成的，各集团对团体利益的追逐和集团内部个人对个人利益的追逐所产生的偷懒行为和搭便车等现象将严重影响企业行为偏离利润最大化。

到了20世纪70年代之后，现代微观经济学凭借着"受约束的最大化行为"是主要武器大举入侵其他社会科学的传统领地。由于"新古典经济人"的抽象已使经济人的理性行为排除了对经济伦理、传统、利他主义等等的考虑，这一切激起了较为尖锐的批评。这样一场以"偏好颠倒"（preference reversals）的心理学研究和实验，又把以前各种批判意见重新组织起来，发起了对"理性"行为假设的新一轮攻击。其实，这种心理学挑战早在 20 世纪 30 年代就以梅奥（Mayo, George Elton）著名的"霍桑实验"结果提出了质疑；20 世纪 50 年代麦格雷戈（McGregor, Douglas）的 X 理论和 Y 理论也具有同样的质疑；西蒙也注意到了这一点。到了 20 世纪 60 年代后，经济学家和心理学家才试图以心理学实验来检验经济人的理性行为假设。他们以"偏好颠倒"现象的存在，说明即使在最简单的人类选择中也不存在任何最优原则。对这一点，阿马蒂亚·森（Sen, Amartya）用"承诺行为"（committed behavior）提供了一个重要的例证。

批评者的各种证据并没有能够驳倒"新古典经济人"假设，但是在现实的经济生活中，"新古典经济人"确实出现了经济人行为悖论的现象，它导致了经济人走进了"囚徒的困境"而难以自圆其说。这也就迫使了信奉经济人抽象的经济学意义的理论家不得不反躬自省，弥补原有的某些缺陷，修正新古典的某些苛刻假设，恢复古典经济学的某些思路，使"新古典经济人"走向了"广义新经济人"。他们加入了不确定性风险、动态的时间因素、处理信息和行动的成本，以及运用博弈论处理经济主体彼此间行为的预期反应等等的分析，完成了对"经济人"的第三次抽象。

这次抽象主要是沿着三条路线进行的。一条路线以贝克尔（Becker, Gary Stanley）的新经济人为主要代表；另一条路线以布坎南（Buchanan, James M.）的公共选择学派为主要代表；再有就是以诺思（North, Douglas C.）为主要代表的新经济史学。他们的著述系统地检验了"经济人"假设对于广泛的人类行为分析的适用性，并且以各自不同的方式，把各种非经济因素的解释重新融合进经济人分析之中，从而使得批评者的许多指责不再有效力。

针对"经济人假设无视或无法分析社会文化对人的经济行为的影响"的指责，贝克尔用他的"新经济人"进行了有力的回应。在他看来，经济理性与非理性行为并不是对立的，两者完全可以在经济人身上统一起来，即使是"怠惰厂商及其他形式的非理性厂商也能够再现古典经济学的著名原理"。因为，经济人追求的目标既可表现为财富的最大化，又可表现为非财富（包括声望、荣誉、尊严等）的最大化。概括地说就是追求个人效用的最大化。经济人对效用最大化的追求与时间价值紧密相关，因为时间对不同的人其机会成本（时间价值）是不同的。因此，必须由个人来决定自己的资源组合，以期在一定收入和时间内求得效用的最大化。如果经济人的消费方式之所以改变，并不是传统消费理论所认为的出现了无法解释的新欲望，而是因为时间价值变化了，基于对时间价值的考虑，经济人便追求以更有效、费用更低的"因素"来满足自己的需求。贝克尔不仅对"经济人"赋予了新的内涵，而且运用"新经济人"假设将微观经济学的研究范围拓展至对整个人类行为的研究。他认为，无论什么人，从事什么职业，其目的只有一个，那就是追求效用最大化。因此可以运用"新经济人"假设对包括种族和性别歧视、时间配置、犯罪现象、自杀原因、利他主义行为、婚姻问题、语言进化等传统上属于社会学、人口学、教育学、伦理学、政治学、法律学等其他社会科学领域的问题进行分析，从而拓展了微观经济学的研究范围，使微观经济学日益演变成为研究人类选择和人类行为的一门科学。

针对"经济人假设无视社会政治、制度分析"的指责，以布坎南为首的公共选择学派就把经济人领进了"政治市场"，对"政治经济人"如何根据不同的社会政治环境，利用制度的缺陷谋取自身利益进行了分析。他们以直接回到"古典经济人"假设上去的思路来分析各种制度对人的经济行为的影响，突出了市场制度本身和法律制度的作用。

针对"经济人是一个非历史的概念"的指责，诺思等人则巧妙地运用本身无时间内涵的"经济人"透视了产权变迁的历史奥秘。他们把对历史的解释转移到"人"这个最根本的基础之上，认为财产关系的演变不过是人合理选择的无意识或有意识的结果。这种选择的核心指南是个人利益问题，它与各种资源的稀缺程度、供求关系、价格水平、成本——收益结构的变化密切结合在一起。在诺思他们看来，正是经济人的"成本——收益核算"才推动着历史上财产关系的选择向着最有可能调动人的积极性的方向演进。结果，也就保证了经济人把其资源无意识地运用到对社会最有益的活动中去，从而才有近代工业革命。虽然制度变迁的动力来自个人追求自身利益最大化的意愿和努力，但是这种自然演进的自发制度是否能够最终保证高效率的市场经济所要求的"产权结构"，还要视国家在其中所起到的作用的方向而定。这样，国家就要对造成经济增长、停滞和衰退的产权结构的效率负责。

通过他们的努力，"广义新经济人"出现了。它对传统"经济人"的发展最突出地表现在两个方面：一方面，对原来所使用的某些关键概念赋予新的广义解释，把"经济人"假设从经济领域扩展到非经济行为领域的分析，从而揭示出"经济人"的某些实际行为特征，例如他再也不是凡勃伦（Veblen, Thorstein Bunde）所指责的"洁白无暇的经济人"，而是一个机会主义者；另一方面，结合交易成本、信息成本和博弈论等新的学术成果来修改"新古典经济人"中的那种苛刻的"标准理性选择"和"完全信息"假设，从而既能增强"经济人"假设的解释能力，又使我们能够发掘出约束经济人行为的"社会文化环境"的深层含义。这次新抽象力图使"经济人"假设具有更一般的意义，从而远远超出纯经济学的范围。这样一来，原来意义上的"经济人"假设反而成为一个特例。

在"新经济人"假设中，"个人利益"不再仅仅是货币收入、物质享受等纯粹的经济利益，而是明确地包括尊严、名誉、社会地位等不能用纯经济尺度来衡量的"利益"。也就是说，经济人力图使之最大化的"效用函数"涵盖个人可能追求的任何目标或若干目标的集合。既然目标包括无法计量的东西，决策时所要考虑的"成本——收益"核算也是就广义而言的，具有强烈的类比和象征意义。因此，"新经济人"假设最终仅仅是提出一个原则："当人们必须在若干取舍之间作出选择时——各种选择的结果将对个人的'福利'产生不同的影响，人们将更愿意选择那种能为自己带来'较多好处'的解决办法，而不是相反；因此，人类所做的任何决定——不管该决定如何平凡——始终包含着人们对该决定的费用和收益的计算，这种计算有时是明确的，但多数是含蓄的"。

这种新释的经济人抽象超越了多少年来经济学家面对"利己"和"利他"之间的冲突的理论困境，因为"自利"获得了新的含义，仅仅意味着"宁多勿少"的行为倾向。特别地，由于引入交易成本和信息成本等新概念，经济人的理性行为再也无需被决定为把全部精力都放在作出信息完全的决策所必需的细节和计算上面，而是允许所作出的决策部分地取决于对习俗和惯例的依赖，以及考虑到有关的道德规范或准则。只不过在这里，习俗、惯例或制度在信息指导线中扮演着一种重要的角色，借此人们可以减少各种复杂情况中作出理性决策所包含的计算量。

纵观上述关于"经济人"假设的产生、时代背景及各派经济学家对"经济人"的表述和演变，其说法虽然各有不同，但他们对于"人"的行为的假设都基本一致，归纳如下：

一是假设人的行为都有"自利"动机，亦即追求自身利益是驱策人的经济行为的根本动机，这种动机和由此而产生的行为有其内在于人本身的生物学和心理学的根据。

二是假设人都能够通过计算判断自己是否能够获利，即"理性行为"。也就是经济人是理性的，他能根据市场情况、自身处境和自身利益之所在作出判断，并使自己的经济行为适应于从经验中学到的东西，从而使所追求的利益尽可能最大化。

三是"经济人"假设的核心命题，即是：只要有良好的法律和制度的保证，经济人追求个人利益最大化的自由行动会无意识地、卓有成效地增进社会的公共利益，不合理的制度环境必然导致人以不正当的方式追求自身的利益。这是"经济人"假设中最有意义的问题。现代经济学家米尔顿·梅尔斯（*Myers*，*Milton*）以此称之为"经济人的灵魂"。

附录二

一些必备的数学知识

概　念

函数：

设数集 $D \subset R$，则到 R 的任一映射 f 称为定义在 D 上的一元函数，简称为函数，通常简记为 $y = f(x)$，$x \in D$。X ($X \in D$) 称为函数的自变量，y ($y \in f(D)$) 称为函数的应变量。

以消费函数 $c = C(Y)$ 来加以说明。这里的 Y 是自变量，c 是应变量，C 为函数符号，这表明表示函数的符号是可以任意选取的。

斜率：

直线有斜率，它可以是正的或者负的，在需求函数的图中，价格的上升与需求量的下降相联系，因此其斜率是负。假定形如
$$Q = A + bP$$
的函数具有负的斜率，它意味着 $b < 0$。因此我们可以知道，在直线函数式 $Q = A + bP$ 中，在自变量 P 前面的系数即为这个函数方程的斜率。斜率大于 0，函数式是一条从左下到右上的直线；斜率小于 0，函数式是一条从左上到右下的直线；斜率等于 0，是一条与 X 轴水平的直线；斜率趋近于无穷大，是一和条与 X 轴垂直的直线。

极限：

在讨论极限时一般分为数列的极限与函数的极限，根据我们的实际需求，这里仅只给出函数极限的定义并加以简单的讨论。

定义：如果存在常数 A，使得对于任意给定的正数 ε（不论多小），总存在正数 δ，只要 f 的定义域中的点 x 满足不等式 $0 < |x - x_0| < \delta$，对应的函数值就能满足 $|f(x) - A| < \varepsilon$。

那么常数 A 就称作函数 $f(x)$，当 $x \to x_0$ 时的极限，简称 A 是 $f(x)$ 在 x_0 处的极限，记为：

$$\lim_{x \to x_0} f(x) = A \text{ 或者 } f(x) \to A \text{（当 } x \to x_0 \text{ 时）}$$

简单的说，极限描述的就是当自变量从 $x \to x_0$ 时，函数 $f(x)$ 的变化趋势，在这里极限的讨论主要是为了大家能更加容易地理解后面的有关概念。

导数：

定义：设函数 $y = f(x)$ 在点 x_0 的某个领域内有意义，当自变量在 x_0 处取得增量 Δx（点 $x \to x_0 + \Delta x$ 仍在该领域内）。相应地，函数 y 取得增量 $\Delta y = f(x_0 + \Delta X) - f(x_0)$，如果 Δy 与 Δx 之比当 $\Delta x \to x_0$ 时极限存在，那么称函数 $y = f(x)$ 在点 x_0 处的导数，记为

$$f'(x_0), \quad y' \big|_{x = x_0}, \quad \frac{dy}{dx} \bigg|_{x = x_0} \text{ 或 } \frac{df(x)}{dx} \bigg|_{x = x_0}$$

即：$f'(x_0) = \lim\limits_{\Delta x \to 0} \dfrac{\Delta y}{\Delta x} = \lim\limits_{\Delta x \to 0} \dfrac{f(x_0 + \Delta x) - f(x_0)}{\Delta x}$ ①

函数 $y = f(x)$ 在点 x_0 处可导有时也称为函数 $y = f(x)$ 在点 x_0 处具有导数或导数存在，如果①式中的导数不存在，那么称函数 $y = f(x)$ 在点 x_0 处不可导，如果不可导的原因是由于 $\Delta X \to 0$ 时，$\dfrac{\Delta y}{\Delta x} \to \infty$，那么，为了方便起见，也往往称函数 $y = f(x)$ 在点 x_0 处的导数为无穷大，并记作 $f'(x_0) = \infty$。

导数是概括了各种各样的变化率概念而得出的一个更一般，也更抽象的概念，它撇开了自变量和应变量所代表的特殊意义，纯粹从数量方面来刻划变化率的本质，它反映了在点 x_0 处应变量随自变量的变化而变化的快慢程度。

在经济学中，导数的概念应用相当广泛，或许有人会对"导数"一词感到陌生，但如果说起"边际"一词，那么一定就相当熟悉了。其实所谓的"边际"概念是与导数密切相关的。因为"边际"在经济学中所反映的恰好是一个变化率的问题，这与导数的实

质是相似的。在经济学中经常提到的边际成本、边际收益、边际利润等概念莫不如此。比如边际收益，所反映的就是每增加一单位成本要素所获得的收益大小。如果收益和成本存在以下函数关系：

$$R = f(c) \quad \text{其中 } R = \text{收益} \quad C = \text{成本}$$

那么，边际收益用数学公式可表示为：

$$\lim_{\Delta c \to 0} \frac{f(c_0 + \Delta c) - f(c_0)}{\Delta c}$$

也就是说的成本为自变量，收益为应变量，反映了收益的变化速度快慢。

函数的单调性及其判别：

定理：如果 $f(x)$ 在 $[a, b]$ 上连续，在 (a, b) 内可导，且 $f'(x) > 0$（或 < 0）。

则 $f(x)$ 在 $[a, b]$ 上单调增加（或减少）。

函数的极值：

定义：设 $f(x)$ 在 x_0 的某领域内有定义，如果对该领域内任意的 X 恒有 $f(x) \leq f(x_0)$ 或 $f(x) \geq f(x_0)$，则称 $f(x_0)$ 为 $f(x)$ 的极大值（极小值），而 x_0 点称为极大值点（极小值点）。

驻点，导数为零的点就是驻点。

取得极值的必要条件：①可导函数的极值点一定是驻点；但驻点不一定是极值点。
②在一个函数不可导的点上，也有可能取得极值。

极值存在的充分条件：

第一充分条件：设 $f(x)$ 在 x_0 的某领域内连续，在该去心领域内可导，如果在 x_0 两侧导数符号相反，则 x_0 是极值点。当 $X \in (x_0 - \delta, x_0)$ 时，$f'(x) < 0$；$X \in (x_0, x_0 + \delta)$ 时，$f'(x) > 0$，则 x_0 是极小值；

当 $X \in (x_0 - \delta, x_0)$ 时，$f'(x) > 0$；$X \in (x_0, x_0 + \delta)$ 时，$f'(x) < 0$，则 x_0 是极大值。

如果在 x_0 两侧 f' 符号相同，则 x_0 不是极值点。

第二充分条件：设 $f'(x)$ 在点 x_0 具有二阶导数；

如果 $f'(x_0) = 0, f''(x_0) < 0$，侧 $f(x_0)$ 是极大值；

如果 $f'(x_0) = 0, f''(x_0) > 0$，侧 $f(x_0)$ 是极小值；

如果 $f'(x_0) = 0, f''(x_0) = 0$，侧 $f(x_0)$ 可能是极值，也可能不是极值。

下面以生产要素合理投入，区域的图形加以说明。

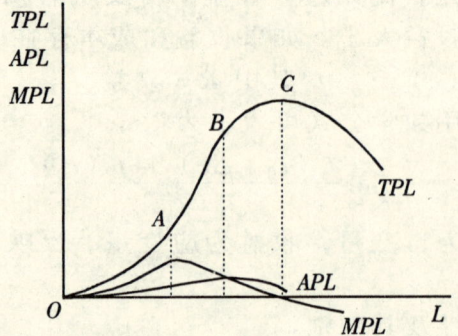

图中，A 点即是曲线 TRL 的拐点，C 为极值点。

参 考 文 献

[1] 亚当·斯密：《国民财富的性质和原因的研究》上卷，1979年版。

[2] 亚当·斯密：《道德情操论》，商务印书馆，1997年版。

[3] 杨春学：《经济人与社会秩序分析》，上海三联书店，1998年版。

[4] 黄亚钧：《微观经济学》，高等教育出版社，2000年版。

[5] 黄亚钧：《宏观经济学》，高等教育出版社，2000年版。

[6] 梁小明：《西方经济学基础教程》，北京大学出版社，1992年版。

[7] 何清涟：《现代化的陷阱》，今日中国出版社，1998年版。

[8] 彼得·科斯洛夫斯基：《伦理经济学原理》，中国社会科学出版社。

[9] 曼昆：《经济学原理》，北京大学出版社，2000年版。

[10]《列宁全集》第32卷：人民出版社，1958年版。

[11] 小川乡太郎：《租税总论》，商务印书馆1935年版。

[12] 西蒙·詹姆斯：《税收经济学》，中国财政经济出版社，1988年版。

[13] 尹伯成：《现代西方经济学习题指南》（微观经济学）第二版，复旦大学出版社，1997年版。

[14] 尹伯成：《西方经济学简明教程》，上海人民出版社，2002年版

[15] 高鸿业：《西方经济学》第二版（微观部分），中国人民大学出版社，1996年版。

[16] 阿马蒂亚·森：《伦理学与经济学》，商务出版社，2000年版。

[17] 赵崇龄：《外国经济思想通史》，云南大学出版社1991年版。

[18] 黄昕：《道德与经济》，www.jjxj.com。

[19] 林大城：《失信与信用建设》，www.jjxj.com。

[20] 何包钢：《罗尔斯的规范方法论：契约、无知之幕和反思

的平衡》，*www.studa.com*。

[21] 斯蒂格利茨：《经济学》小品和案例，中国人民大学出版社，1998年版。

[22] 卢峰：《经济学原理 中国版》，北京大学出版社，2002年版。

[23] 周延军：《西方金融理论》，中信出版社，1992年版。